U0921586

本书为国家社科基金青年项目
“制度史视野下的唐代诗歌教育研究”（21CZW019）阶段性成果

大兴庠序

唐代官学制度述略

韩达／著

中国大百科全书出版社

图书在版编目（CIP）数据

大兴庠序：唐代官学制度述略 / 韩达著 . -- 北京：中国大百科全书出版社，2025. 8. -- ISBN 978-7-5202-1965-5

Ⅰ. D691.42

中国国家版本馆 CIP 数据核字第 20257UL471 号

出 版 人 高世屹
策划编辑 康丽利
责任编辑 康丽利
责任校对 郭丽琴
封面设计 博越创想 · 夏翠燕
责任印制 魏　婷
出版发行 中国大百科全书出版社
地　　址 北京市西城区阜成门北大街 17 号
邮　　编 100037
电　　话 010-88390703
网　　址 http://www.ecph.com.cn
印　　刷 北京汇瑞嘉合文化发展有限公司
开　　本 710 毫米 ×1000 毫米　1/16
印　　张 10
字　　数 148 千字
版　　次 2025 年 8 月第 1 版
印　　次 2025 年 8 月第 1 次印刷
书　　号 ISBN 978-7-5202-1965-5
定　　价 59.00 元

目 录

小　引

> 少年游太学，负气蔑诸生。
> 蹉跎三十载，今日海隅行。
>
> ——韦应物《赠旧识》

韦应物的这首诗，生动地反映了他作为阀阅子弟在国子监读书时的场景。韦应物出身三卫，早年作为侍卫官曾长期随侍玄宗左右。中宗返正后，曾下诏令三卫中愿附学读书者，番下之际可入国子监学习，这才有了其“少年游太学”的经历。韦应物在学校里飞扬跋扈，与同学关系不睦。这和他出身鼎族，又身为皇帝近侍有很大的关系。韦应物的经历在唐代的官学中既常见又特殊。一方面，唐代的各级学校招收官员弟子作为生徒的主要来源，其生徒大部分皆来自具有良好修养的官僚家庭，较少出现韦应物这样的“刺头”；另一方面，“长安恶少年”自恃门第、恃才傲物的情况也是常有之事。对于唐代的官学系统而言，如何教育好每一个进入学校的生徒，无疑成为检验其教育成效、制度设计的关键指标。

从历史沿革看，唐代前期的官学管理堪称细密严格，其基本体制与细致的规则相互搭配，成为唐代前期培育人才的重要保障。唐代的官学系统分为中央官学和地方官学，国子监为中央官学的主管机构，国子祭酒为最高长官；地方官学则由属地长官直接管理。中央官学设有“六学”，即国子学、太学、四门学、律学、书学、算学。玄宗时又专设广文馆以教授进士业，设崇玄馆以教授道家之学。除此之外，还有对在学生徒进行选拔深造的大成学，以及弘文馆、崇文馆两所特殊的贵族学校。其他还有如医学、天文历学、兽医学等实科教育学校。地方学校则设州、县两级学校，甚至一度扩大到乡一级，其形制则是对中央官学的缩略复刻。唐代前期，国家已经设立了完备的各级学校机构和典章制度，无论是学官的迁转还是生徒的选拔标准，从日常的课业到结业的考试，皆著于令式、礼典。这些细致的制度设计与唐代帝王的治国思想有着密切关系。

自太宗定下“守成以文”“大阐文教”的国策，重振儒术乃是其文教政策的着力点，复兴学校则是具体的施政方略。太宗曾对侍臣说：“为政之要，惟在得人，用非其才，必难致理。今所任用，必须以德行、学识为本。”① 在这一理念的引导下，唐代学校的教育活动注重知识教育与礼仪教育的并重，旨在培养德才兼备之人。同时，通过这样的教育，规范人们行为，统一社会思想，以达到“人应如响，不疾而速”② 的治理成效。换言之，唐代学校恰是要通过各种教育手段抹去权贵子弟的骄矜之气。韦应物“负气蔑诸生”其实是不被认可的狂傲之举。当学校不能履行基本的规训教化功能时，灾祸战乱的鼙鼓声也就隐隐可闻了。与韦应物形成鲜明对比的是陈子昂，据《唐才子传》所载，这位西南酋豪子弟少时任侠尚气，赌博游猎，十八岁时仍“未知书”，只是偶然间来到县学游玩，“入乡校感悔”③，遂折节读书。可见唐初的官学确实有移风易俗、感化人心的重要作用。那么，唐代的学校是如何运行的？其制度结构是如何设计的？我们可以通过观察学校这一机构的运行，透视唐代教育制度稳定发展过程中的特殊性与普遍性。

① 谢保成《贞观政要集校》，中华书局 2003 年，第 383 页。
② 同上书，第 36 页。
③ 傅璇琮《唐才子传校笺》，中华书局 1987 年，第 105 页。

第一章　唐代中央官学系统的基本架构：国子监及各级教育机构

一、隋唐最高教育机关：从国子寺、国子学到国子监

隋代前期，主管全国教育的最高行政机构称国子寺。文帝开皇十三年（593）之前，国子寺由太常监管，这是延续汉魏以来太常卿主管教育事务的制度成例。《通典·职官九》："隋开皇十三年，国子寺罢隶太常，又改寺为学。……炀帝即位，改国子学为国子监。"[①]开皇十三年的这次改革，产生了两个重要的影响：一是将国子寺从主管祭祀礼乐事务的太常寺剥离出来，使其成为专门负责教育事务的最高行政机关，教育的重要性和独立性得以确认；二是确立了寺、学并行的行政架构。隋代国子寺下设国子学、太学、四门学等各类学校。这次改革使得国子寺中的行政部分专门负责行政事务，而国子学只肩负教育之功能。

仁寿元年（601）六月，隋文帝下诏罢太学、四门学及州县学校，仅保留国子学一所中央官学，学生人数也由一百四十人缩减至七十人，并于七月将国子学改名太学，省国子祭酒、国子博士等职，以太学博士"总知学

---

① 杜佑《通典》，中华书局1988年，第764页。

事"[①]。隋文帝的罢学之举颇受史家诟病，根据其废学诏书所言，罢学的起因是"国学胄子，垂将千数，州县诸生，咸亦不少。徒有名录，空度岁时，未有德为代范，才任国用。良由设学之理，多而未精。今宜简省，明加奖励"[②]。隋代以贡举和学校并举官人，但前者入仕的速度要远比学校教育快捷。隋文帝是一个重视实利的皇帝，他是从培养官僚耗资多寡的成本角度来考虑学校兴废的问题。此次改革后，国子学负责教育事务权责虽未废除，但管理职能再次与教育功能合并，且仅负责国子（改制后称"太学"）一学之事务罢了。

教育是一个国家所应承担的基本责任。从培养合格官僚的角度而言，官方学校提供的长时段系统训练是具有重要意义的，生徒在校期间参与国家的典礼仪式、议政讨论，有助于其出仕后迅速熟悉行政事务。但不可否认的是，国家在负担教育职责的过程中投入了大量的资财，不仅需要负责生徒的日常生活，还要免除其劳役及赋税。这对于刚完成国家统一战事的隋王朝来说，无疑是一种沉重的财政负担。开皇年间，隋文帝实行的系列改革举措，包括废除乡官、均田括户等，均附带有开源节流的财政意图。同时，这些改革举措完成后需补充大量基层官员，但费时长久的学校教育难以满足其需求，故而隋文帝采取了极端化的废学政策。表面上看，这一政策缓解了国家财政支出，并在短时间内招徕了大量的基层官吏，但实际上乡贡举子在进入行政系统后仍需要时间和金钱进行培训，这种操切行事的做法无异于饮鸩止渴。隋炀帝即位后，着手整顿国家教育体系。大业三年（607），改国子学为国子监，并在祭酒之外加置司业一人，增置丞、主簿、录事等各级官僚。国子监下重建国子学、太学，除国子学生员无常额外，太学生定员增至五百人。

隋末大乱后，隋炀帝的官制改革并未延续下去，官员不充的情况再次出现。武德年间的官制多又回到开皇旧制上来，李渊只能将国子监再度改名为国子学，重新将其隶属于太常寺之下，此举不仅恢复了隋文帝仁寿元年（601）的旧规，而且收回了国子监作为国家最高教育管理部门的权责。导致

① 杜佑《通典》，中华书局 1988 年，第 764 页。

② 魏徵等《隋书》，中华书局 1973 年，第 47 页。

政策反复的原因可能是财力不足。国家教育的维系依赖着稳定的财政支持，当赋税收入不足以支撑庞大的教育体系时，便只能以最小规模的形式维持其存在。因此，唐高祖时代的国子学具有两种性质：一是国家举行释奠礼时的执行机构，一是中央官学的主要学馆。实际上，这是对隋文帝“寺学一体”思路的延续。

随着国力的逐渐恢复，国家秩序的建构同样体现在教育制度的重建上。贞观元年（627），太宗改国子学为国子监，不但再次将国子监和国子学从名称上区分开来，而且恢复了炀帝改制时的做法，将国子监从太常寺下独立出来，专门负责官学事务的运行。唐代前期，国子监的称谓虽然屡有更变，但其行政功能与教育功能并行的实质并未改变，国子监内的各级学校依然如常运作。高宗龙朔二年（662），高宗于东都增置国子监，加设生徒学官，分于两都教授，史称“两监”。同年，国子监改称司成馆；咸亨元年（670），复称国子监；武后光宅元年（684），再改为成均监；中宗神龙元年（705），又复名国子监。国子祭酒、司业的官职名称也相应地变为大司成、少司成、成均祭酒等。国子学之名也随之改名为司成学、成均学。张说所撰《文昌左丞陆公墓志序》“始以司成明经业优擢第”[①]，即为司成学明证。[②]成均学例证可见《唐故左玉钤卫天山府右果毅都尉上柱国赵君墓志铭并序》“弱冠，补成均生”[③],《周故处士冯君之墓志铭并序》：“起家任成均学生。”[④]但此时六学中的太学、四门学等并未改名，依旧保持了旧称，如《故洺州永年县丞霍府君墓志铭并序》：“有子前成均太学生景旦等。”[⑤]可见，唐代前期虽出现过依据

---

① 熊飞《张说集校注》，中华书局2013年，第1573页。

② 按，值得注意的是，作于中宗景龙年间的《大唐故右武卫将军上柱国乙速孤府君碑铭并序》一文中，有“永徽中司成生擢第”的说法，但高宗龙朔二年才改国子监为司成馆，故乙速孤行俨此时应为“国子生”,“司成生”的称谓明显是国子监改名后的追认记录。该墓志作于景龙二年，此时国子监又早已恢复原名，说明“司成生”应该是根据家属提供的原始材料而写作的，我们不应据此碑文认为永徽时国子监已改称司成馆。另，开元二年《常州刺史平君神道碑》亦有“始以司成馆进士，补庐州慎县尉”的记录，也应是同样的情况。

③ 吴钢《全唐文补遗》（第八辑），三秦出版社2005年，第297页。

④ 吴钢《全唐文补遗》（第三辑），三秦出版社1996年，第486页。

⑤ 吴钢《全唐文补遗·千唐志斋新藏专辑》，三秦出版社2006年，第70页。

政治需要而变更名称的情况，但教育系统的基本架构和运行逻辑并未受到影响，这一情况一直延续到唐代中后期。终唐一代，财政因素与政治因素的叠加，始终是对教育体制变革产生最直接影响的原因。

在国子监体系建构完成后，其日常运作则有赖于行政架构的有效运转。国子监的行政领导架构为四级，是典型的唐代四等官制。其中，长官为祭酒，通判官为司业，再次为判官国子监丞，主簿和录事为勾官、检官，此外还有流外府史等处理日常文书事务。国子监长官为国子祭酒，副长官为国子司业。当国子祭酒缺任或不在职时，则由司业行使长官权力。国子祭酒，隋代一人，从三品，唐代因之。国子司业，隋代一人，从四品；唐代员额二人，从四品下阶。然而，在唐代，当祭酒缺任，两名司业同时在任时，究竟是只有一名司业行使长官权力，而另外一名仍为通判官以维持四等官制的运转，还是两名司业同时成为事实上的长官，则不得而知。司业之下另有丞、主簿各一人，前者负责行判，主管国子监的日常事务，后者负责勾讫行印。隋唐的国子监丞及主簿皆设员一人。国子监丞，隋代为从六品，唐为从六品下；国子监主簿，隋代品阶不详，唐为从七品下。在唐代，国子监主簿原为正八品，《垂拱令》中改为从七品下。国子监录事一人，隋代品阶不详，唐为从九品下。

唐代国子祭酒、司业的责任是“掌邦国儒学训导之政令”①，二者总摄国子学、太学、四门学、律学、书学、算学及大成、广文馆事务。一般情况下，当天子视学，皇太子行齿胄礼时，由国子祭酒讲义。监内举行释奠礼时，祭酒为初献、司业为亚献、博士为终献；如皇太子行释奠礼，祭酒则负责赞相礼仪，为亚献。释奠之日，祭酒、司业要负责召集诸生执经论义，并组织在京文武七品以上清官观礼。每年年终时，祭酒、司业还要负责对博士、助教所授经书多寡进行数量考核，以定其考绩。

国子监丞是实际上负责国子监日常政务运行的官员，即《唐六典》所说的“掌判监事”。诸如学生补录、学生休假、业成考核等监内日常事务，皆

---

① 李林甫等《唐六典》，中华书局 1992 年，第 557 页。

由国子监丞负责审批。尤为重要的是，每年国子监内部的贡举事务也由其负责。国子六学及广文馆之生徒年终时，由监丞与祭酒、司业共同考试，登第合格者，由监丞白（告知、禀告）祭酒，上于尚书礼部，参加省试。国子主簿则是负责“掌印”、勾检监事。除了日常的勾检文书、行印等事务外，其最重要的职责就是清退“不率教者”、频年不第、九年在学无成者。国子监录事“掌受事发辰”①，即受事之后，注明开始办理之时间，以便计算程限，它是国子监内的检官。这一套行政运作体制与九卿机构相似，也是寺监一级机构内部运作的基本情况。流内官系统之外，国子监的吏员还有府七人、史十三人、亭长六人、掌固八人，皆为流外。据《唐六典》所载，各级官衙中的府、史为主掌文书档案的吏职，负责“分抄行署文书”②，唐代的台、省、寺、监多设此官。据《周礼·天官》所载“（府）掌官契以治藏”，国子监中的府可能也负责一些财政之事。而史多为“令史”的简称，又可分为令史与书令史两种，主要掌管文书之事。虽为流外官，但多为长官自辟。同时，武德初年因为京师生活成本高，且远州县入仕者不愿为流外官，故而还曾调动“州佐史及朝集典”充选。并且放松了流外入流的考核年限。令史经过六考至八考得上者，可入流。府史经三考、令史两考后，可听转选，以慰前劳。

亭长是汉代以来就有的官职，隋文帝以此官名作为流外官的称号。到了唐代，亭长的职责是“主守省门，通传禁约”③。掌故（亦称掌固）之称出自汉代，本是指学优者出仕的一种形式。《史记》云：“郡国县道邑有好文学，敬长上，肃政教，顺乡里，出入不悖所闻者，……诣太常，得受业如弟子。一岁皆辄试，能通一艺已上，补文学掌故缺。”④此官职本是以备咨询之用，而隋唐的掌固则是“主守当仓库及厅事铺设，职与古殊”⑤。经过考试判词，掌固可转入府史，府史可转入令史，说明这三者之间有等第关系。他们日常也要进行公文书的写作，是国子监运行系统中的“毛细血管”。

---

① 李林甫等《唐六典》，中华书局 1992 年，第 559 页。

② 同上书，第 12 页。

③ 同上书，第 13 页。

④ 司马迁《史记》，中华书局 1982 年，第 3119 页。

⑤《唐六典》，第 13 页。

二、国子祭酒、司业的简选与迁转

在唐代，国子祭酒、司业作为国家教育机关的最高负责人，地位尊崇。他们理应是学术与品德并重的饱学硕儒，即他们不仅应是当世最有学问的学者，在道德上也要堪称懿行佳范，否则无法对诸博士的日常教授进行考课，也难以组织各类典礼时的经典讲义及学官论议。但实际上，唐代国子祭酒、司业的选任与迁转并非完全遵循上述标准。唐代的政局变化对国子祭酒的选任影响很大。唐高祖、太宗时期的国子祭酒多为硕学之士，如孔颖达、张后胤等皆可称髦选。高宗后期至中宗时期的国子祭酒渐多滥授，除了令狐德棻、赵弘智、杨思玄等人可称称职外，宗室、驸马亦可得授国子监职官，以作酬劳或拉拢之用。以至于无学之辈，如叶静能、史崇恩、武三思等皆为祭酒；阿附谄媚之辈，如祝钦明、韦叔夏等主掌庠序。

玄宗开元年间，唐代官学迎来了一个迅速发展的时期。国子祭酒、司业重新精选其人，诸如褚无量、元行冲、杨玚等，皆为操行有常、不惧权势的纯儒，其他如韦嗣立、徐坚、阳峤等也多为一时之选。但兴盛的背后也潜藏着危机。玄宗任用李峤、张说、赵冬曦等文儒之士担任祭酒，使得国子监的教育路径偏向文学、经术并举，进士地位的不断提升又加剧了生徒对经明行修之路的厌弃。其实，这一情况在高宗时期就已出现，开元年间则愈演愈烈。李林甫在开元中担任司业时，曾对国子监内部进行过整顿。与之相呼应的是，他还推动了开元二十五年（737）的科举改革。这一系列改革举措乃是对人才培养及选拔制度的全面整顿。李林甫的目的是革除国子监内部的不良风气，抑制浮躁学风。表面上看，相关措施确实一度扭转了国子监内的学风与士风，但他本人对文学之士中奔竞之徒的厌弃，也在客观上造成了人才培养及选拔制度趋向僵化，不利于非常之材脱颖而出。盛唐士子的昂扬之气逐步转变为天宝年间的怨怼之情，这实际上造成了此后两监人才日趋衰微的恶果。李林甫本人更是以不学无术著称。换言之，他并不是一位看重非常之才的国子司业，而是一位精通管理之道、驭下之术的行政官僚。这种为了维持正常铨选秩序而阻塞下层士子仕进通道，甚至以行政管理取代道德教化的举措，造成了唐代后期国子监教育的系统性衰败。

安史之乱后，唐朝皇室亦曾力图复振官学，故肃宗、代宗、德宗三朝，不乏硕学聪慧、耿介不屈之士担任祭酒、司业，如徐浩、颜真卿、于休烈、刘晏、归崇敬、孔戣、杨绾、包佶等。但安史之乱所带来的巨大破坏，使得官学教育遭受了毁灭性的打击。藩镇割据又导致中央财政所能给付的资财甚少，原来由国家供养读书的生徒，无法安心求学，官学教学质量与生徒数量双双下降，国子祭酒的地位与权力实际上遭到了削弱。国子监长官的任命受政治局势影响较大，乃至于出现了由鱼朝恩“判国子监事”的情况。唐中期以后，国子祭酒还成了安置政争失败者的高阶闲官，国子监也成了慰劳三品以上大臣的“散地”。这导致唐代中后期国子监长官的简选始终呈现出一种“摇摆”的姿态。一方面，肃宗、代宗、德宗三朝不断有深孚众望的学者、儒臣出任国子祭酒、司业，代表着勠力振作的希望；另一方面，仍有大量的宗室、贵戚乃至贪鄙浅陋之辈充任此职，陷入政治酬庸的怪圈。同时，那些力图振作的国子祭酒们虽然不断提出中肯建议，比如改革国子监机构设置、增加对生徒的供给、提高学官待遇、改革教学内容与科举形式等，但这些举措往往无法真正落实，官学教育也就无法得到真正复兴。

宪宗时国家财政支出愈多，为平定割据藩镇支出了大量帑币，故而国家仍无力整顿教育事业，甚至出现了缩减生徒员额的情况。但宪宗在国子祭酒、司业的择选上较为谨慎，如令宰相郑余庆兼判国子监事，其他如孔戣、韩愈、马愬、窦常、窦牟等，或出身儒学世家，或文辞冠于天下，他们在国子监生徒员额缩减的情况下，努力整顿两监教学，提出了不少教育改革方案。总体来看，唐代后期国子监官职滥授的情况进一步发展，以至于国子祭酒也成为武臣的寄禄之资，不少任职藩镇者多获检校国子祭酒，如敬宗时的横海军节度副使李同捷，宣宗朝的幽州中军使、幽府左司马、知府事张简真等。乃至有不少武人出身的藩镇军将，也可以检校祭酒、司业，如文宗时的河东节度押衙李建元、幽州节度押衙周瑛，宣宗朝的河东节度押衙冯审中等。

综观唐代国子祭酒的简选与迁转，大体呈现出以下特点。首先，唐代前期的学官序列按部就班，可由博士升任司业，再升任国子祭酒，即在国子监内部实行学官领袖的迁转与拔擢。如郭山恽、侯行果由国子博士迁为国子司业，孔颖达、赵弘智、祝钦明、归崇敬由国子司业升任国子祭酒等。其次，唐代中后期以尚书省职官较多，多以本官兼判国子祭酒。其本官或为尚书左右丞，或为六部尚书、侍郎，多有从事教育事业的经历，如宪宗朝的兵部侍郎归登，以本官“兼判国子祭酒事”。归登虽为兵部侍郎，但他在德宗朝就充任皇子侍读，顺宗时又以东宫旧臣迁工部侍郎，依旧为东宫及诸王侍读。当然，礼部出身的尚书、侍郎比其他各部更容易兼判国子祭酒，如崔棁、杨绾皆是此类情况。第三，其他寺监的长官也可转入国子监系统，以太常寺、秘书监居多，如杨师道、令狐德棻、徐坚、褚无量等。太常卿在汉魏以来就是太学、国子学的主要领导，由太常卿转任国子祭酒是顺理成章之事。秘书监同样多由硕学大儒或文章巨擘出任，二者互转也在情理之中。第四，由东宫僚属、王府师傅出任，诸如太子率更令、太子宾客、太子左右庶子等。值得注意的是，左散骑常侍、中书舍人等中书门下官员，自晋代以来就是出任国子祭酒的官品条件（五品），由此二职兼国子祭酒在唐代也不鲜见。例如，玄宗朝的崔沔即由右散骑常侍判国子监事，褚无量、李林甫以左散骑常侍任国子司业，柳公权以左常侍兼国子祭酒。第五，从地方长官转入者众，这是数量最多的部分。诸如唐代前期诸府都督、刺史、府尹，中后期的节度使、观察使等，多为正四品左右的高官，与国子祭酒品级相当，虽属于平级迁转，但因入京为官，也可视为升迁。当然，其中有不少属于检校官的情形，并非实职。

总之，唐代的国子祭酒、司业们多从纯儒中简选，一旦成为学官领袖，基本上会以此职致仕。他们也会参与朝议与政策的讨论，谨守其“掌邦国儒学训导之政令”的职责。但仍有不少人打破这一惯例，如李峤、韦嗣立、张说、郑余庆等位列宰辅，参与机要，政治能力与才学相埒。其余转入礼部者，担任尚书、侍郎者比比皆是，或是迁太常卿，出任礼仪使负责礼仪典礼，如杨师道、令狐德棻、徐坚、元行冲、于休烈、萧昕等。作为唐代教育机构的最高责任人，唐代的祭酒、司业们的简选与迁转保持了较高的水平，虽然也有受到政局动荡而滥授的情况，但从比例上看，学行德业优长者仍占据主流。

三、国子监的行政官僚群体：国子监丞、主簿与录事

国子监的行政官僚群体是维持该机构运转的“主力军”，以国子监丞、国子主簿、国子录事为代表，他们的简选与迁转不同于博士、助教等学官群体，乃是以行政官僚的路径培养。唐代的国子监丞为从六品下阶，即将进入制授的高层职事文官序列。故国子监丞的出任者也多为世家大族子弟，社会地位颇受尊崇。比如，唐中宗为懿德太子李重润“聘国子监丞裴粹亡女为冥婚，与之合葬”①。同时，国子监丞负责国子监的日常运作，其人选应多为熟悉政务运转的行政人才。孙逖《授殷承业太子左谕德王利涉国子监丞制》中称赞即将出任国子监丞的王利涉是：“咸以器能，各升班序。克勤于事，不忝其名。”②由于日常事务的复杂与琐碎，所以出任国子监丞者必须具备勤勉、负责的品质。

从孙逖“各升班序”的描述看，国子监丞的迁转多数是循资授官。其前资官既可以是国子主簿等监内官员，也可以从其他省、监迁转。此外，国子监丞已属于中层文官的顶层，在实际选授过程中，还可根据考绩或制举的情况超次授官。张说曾为杨志诚、萧灌撰写过神道碑碑文，文中详细记载了这两位曾任国子监丞者的仕进之路。从二人仕途的异同处，颇可窥见唐代前期国子监丞择选之详略。杨志诚出身弘农杨氏观王房，曾祖父邢国公杨士贵，仕隋直阁将军，岷、蔚、抚、豪、道五州刺史；祖父杨誉曾任右卫副率，慈、汾二州刺史；父亲郑国公杨崇敬曾任常州刺史、工部侍郎、鸿胪卿、散骑常侍、太子少师、赠仪同三司、上柱国。杨志诚是典型的关陇贵戚子弟，故十三岁就以太宗挽郎释褐，寻补潞王典签。他曾出任章怀太子李贤的王府僚属，显庆中又以对策高第举贤良，迁太子通事舍人，事孝敬皇帝李

---

① 刘昫等《旧唐书》，中华书局 1975 年，第 2835 页。
② 董诰等《全唐文》，中华书局 1983 年，第 3141 页。

弘。唐代亲王府典签设员二人，从八品下，掌宣传书教之事。而太子通事舍人则为正七品下，超迁六阶，升迁之速令人咋舌。其后“再举高第，徙国子监丞”①，虽只进二阶，但仍属超次授官。

萧灌则出身江南士族，萧梁皇室之胤嗣，玄宗朝宰执萧嵩之父。他是梁宣帝萧詧玄孙、明帝萧岿曾孙。祖父南海王萧珣，入隋封梁国公。其父萧钧曾任中书舍人、率更令、弘文、崇贤二馆学士。萧灌亦有显赫家世，但并未选择门荫出仕的道路，十八岁时以明经高第，补代王功曹。代王即孝敬皇帝李弘，李弘立为太子后，萧灌改任太子通事舍人。从正七品上的王府功曹改太子通事舍人，表面上是职事品阶下降，但实际地位则是上升的，随即萧灌擢迁为从六品下的内直监（郎），进入仕途上升的快车道。服阕后，拜国子监丞。相较于杨志诚来说，萧灌的仕进之途更为稳妥。萧灌明经高第出身，属科举正途，这比挽郎出身的杨志诚更有优势，且他的起家官即为正七品上，比一般的明经出身要高出六七个品阶，这是受家世荫庇而受到的优待。②杨志诚为了弥补出身挽郎的缺憾，参加了两次制举并对策高第，这是他能够超次授官的主要原因。根据唐代授官的一般规则，杨志诚与萧灌要想在仕途上更进一步，迈入五品的高层文官序列，必须经历州、县，具有基层从政的经验。所以两人从国子监丞任上转外州司马，杨志诚未及赴任卒于长安，萧灌则历任甘、集、岚三州司马，转渝州长史。后因为母守丧，哀毁过礼，亡故于穰县。如果不是遭逢意外，二人很有可能再次回到中央，正式进入高层文官的阶层。

从二人的履历看，国子监丞是他们在长安期间所能得到的较好的职官，既能接近帝阍皇族、官僚子弟，又能负责一监的政务运行，获得中央官署的行政经历，可见是颇有用意的授官。联系二人与两任太子的紧密关系，或许是出自帝心简拔的结果。实际上，杨、萧二人的遭际并非孤例，唐代贵戚子

① 《张说集校注》，第 808 页。

② 按，据《唐六典·尚书吏部卷第二》载，唐代授官资荫有“一品子，正七品上叙”的规定，萧灌之父虽未袭爵，但《唐六典》同时规定“若本荫高者，秀才、明经上第，加本荫四阶”，这是其能获得正七品上的起家官的原因。

弟得授国子监丞可能存在一条惯例路径，即有曾任宫禁官、亲王府经历者，可接任国子监丞，进而转任地方，然后再回到中央进入五品以上序列。其相关例证可见下表[①]。

唐代国子监丞授职情况

时间	人名	释褐官	央、地历任官	前资官	国子监任官	再任地方官	再任中央官
初唐	王烋（休）宗	陈秘书郎	陈中书舍人、隋鲁州别驾、唐王屋县令	唐太子舍人	国子监丞	无	东宫学士
盛唐	李济	鄱阳郡参军事	鹿邑县丞、彭城郡司士	庆王府文学	国子监丞（卒于任）	无	无
	尹中庸	门荫右千牛	尚舍直长	昭陵丞	国子监丞	阳翟县令、邓州司马、泽州长史、冀州别驾、巴州刺史	义王府司马、棣王府长史（后再任地方太守）、信王傅
	郭谦光	千牛长史	太学助教	鄄王侍读	国子监丞	无	国子博士
中晚唐	郭镠	太子通事舍人	卫尉寺主簿	卫尉寺土簿	国了监丞	凤翔府虢县令、兴元府南郑县令、兴元府少尹、成都府少尹、通州刺史、密州刺史、彭州刺史、磁州刺史、兴州刺史	尢

李白的从叔李阳冰，也曾担任过国子监丞，但他的仕宦经历与上述路径有所不同。根据《新唐书·宰相世系表》所载，李阳冰出自赵郡李氏南祖房，

① 按，王烋（休）宗相关材料见《大唐博州刺史王使君墓志铭并序》及《大周故使持节都督洪袁等七州诸军事洪州刺史轻车都尉临沂县开国男王府君墓志铭并序》，李济生平见《大唐故国子监丞李公墓志铭并序》，尹中庸生平见《大唐故信王傅尹府君墓志铭并序》，郭谦光相关材料见《御制孝经序》（元行冲）、《旧唐书·褚无量传》、《新唐书·儒学传》、《全唐文作者小传正补》（李德辉）等，郭镠生平见《唐故兴州刺史太原郭府君墓志铭并序》。

约生于开元三年（715），成长于盛唐时期。肃宗乾元二年（759）至上元二年（761）时，曾任缙云县令；上元二年至宝应元年（762），在当涂县令任上。另，根据代宗大历四年（769）《卢从道墓志铭》的题签，可知他从当涂县令任上解职后，迁河南府户曹参军，而在大历十二年（777）立石的《高力士神道碑》中，李阳冰此时已转任京兆府户曹参军。德宗建中元年（780）后，李阳冰迁国子监丞，并充任集贤院学士。李阳冰终官于将作少监，最终进入了高层职事文官的序列。从李阳冰的经历看，他是由地方县令转州府僚属，之后方进入中央，并以国子监丞的本官，充任集贤学士。李阳冰的释褐官不详，而且他被选为集贤学士应和擅长书法有密切关系，故国子监丞可能只是他的阶官，并非真实任职。其仕宦经历应视作唐代国子监丞简选中的某种特例。

从上述国子监丞的出身看，此职位虽未刻意强调出任者的学识文采方面的素养，既可选用经史通达之才，也可选用吏干之才，但由于国子监丞要负责考核生徒学业，在简选时还需考虑出任者的权威，故而多任命世家大族出身且与皇室关系密切者，如窦翰，其祖父窦衎为驸马都尉；郭锷，乃汾阳王郭子仪之侄孙。这样一来，既可以保证国子监事务的正常运转，又可以借重其家世身份、学识文采以压服官僚子弟。

与之相呼应的是，国子主簿肩负着清退不率教者的重任，所以其品阶虽略低于监丞，但实为监丞之敌体。唐代前期，国子主簿的人选皆为一时之英髦，其中不乏文采斐然且个性激烈者，或许只有这样的人物方能镇服国子监内的骄横生徒。如邓世隆，他曾为王世充帐下宾客。太宗遣使劝降时，邓世隆的复信言辞傲慢，颇为不逊。贞观年间，他被征为国子主簿，因过往经历而虑不自安，太宗还专门派房玄龄去安慰他，并擢授著作佐郎。玄宗朝宰相裴耀卿，出身河东裴氏，“少聪敏，数岁解属文，童子举。弱冠拜秘书正字，俄补相王府典签”[①]。裴耀卿颇受睿宗器重，常直府中，以备咨询。睿宗登基后，裴耀卿被授任为国子主簿。从裴耀卿的仕宦经历看，他结合了萧灌与杨

① 《旧唐书》，第 3079–3080 页。

志诚的优势，不仅是科举出身，释褐官又是堪称清贵的秘书正字，进入亲王府后还与睿宗建立了紧密的私人关系，故其出任国子主簿亦可称良选。根据王维为裴耀卿所作《裴仆射济州遗爱碑》所载，裴耀卿出任国子主簿的同时，还检校詹事府丞，实际上同时掌管着国学与东宫之学，故王维称赞他出任此二职是："学识宜在儒林，风度雅膺储采。"[①]

唐代前期曾出任国子主簿者，还有孔绍安之孙孔季诩，其仕宦履历与裴耀卿十分相似，但因孔氏自许出身圣裔，儒行之长，犹有过之。张说曾为孔季诩文集作序，称其："弱冠制举，授校书郎，转国子主簿。年三十一，卒于左补阙。"[②]可知孔季诩约于永昌初年擢制举，得授校书郎，随后正除国子主簿，后入为补阙供奉官，随侍皇帝左右，颇受重用。张说称赞其能绍继家业，克遵家训："季和清规素业，有弈代之训；依仁游艺，其圣者之后。"[③]从史传记载来看，张说的评价可谓十分中肯，孔季诩本人也是一位刚直能臣。孔氏家族出身南朝世族，据《旧唐书·文苑传》记载，孔氏家族成员文行兼备，有纯儒简正之风，多刚正不阿，敢于直言进谏。孔季诩的祖父孔绍安是南陈吏部尚书孔奂之子，少与兄绍新，俱以文词知名。在隋末大乱中，孔绍安及早投奔李渊，拜内史舍人，与皇室建立了紧密的联系。孔季诩之父孔桢，在苏州长史任上劝谏曹王明守法，并且严格执法，以侵暴下人的罪名捕杀曹王的亲信左右；孔绍安之孙孔若思，任卫州刺史时，出身宗室的别驾李道钦犯罪，孔若思也敢将其鞫讯到案。像孔季诩这样有着良好家世人品的人出任国子主簿，自然可以整顿庠序，严肃学风。在唐代，出身与孔季诩、裴耀卿家世、经历相似者，还有杜嗣先（京兆杜氏）、王世鼎（太原王氏）、温初（河内温氏）、卢振（范阳卢氏）等。

除了豪强家世可依凭外，亦可依靠个人才华与耿耿傲骨出任国子主簿，杜审言即可视为其例。杜审言虽出自京兆杜氏，曾祖为北周陕州刺史杜叔毘（毗），然其祖父杜鱼石仅为隋怀州司功参军、获嘉县令，父杜依艺曾任雍州

① 陈铁民《王维集校注》，中华书局1997年，第761页。

② 《张说集校注》，第1323页。

③ 同上书，第1323页。

司法、洛州巩县令，入为监察御史。这可能是杜审言早年在京城得与崔融、李峤、苏味道等人游处的资本，也是其简在帝心的缘故之一。但与前述裴耀卿、孔季诩等人相比，杜审言家世根基较浅，主要还是凭借个人才华与努力奋斗。据两唐书《文苑传》《文艺传》及《登科记考》《大唐新语》《唐才子传》所载，他工诗善书，恃才傲物，甚至因此遭同僚陷害而深陷囹圄。杜审言于咸亨元年（670）进士及第，以隰城尉释褐；武周万岁通天元年（696）前后，累转洛阳丞；神功元年（697），于吏部参选时，曾嘲笑侍郎苏味道"见吾判，即自当羞死矣"①。可见其个性颇为高傲自负。圣历元年（698），杜审言坐事被贬吉州司户参军。根据陈子昂《送吉州杜司户审言序》："秉不羁之操，物莫同尘；含绝唱之音，人皆寡和。群公爱祢衡之俊，留在京师；天子以桓谭之非，谪居外郡。"② 可知杜审言应该是屡屡上书言事，像祢衡、桓谭一样不容于物，触怒了皇帝及权臣，才被遣贬吉州。吉州任上，他又因得罪上司而遭逢凶险，赖其子杜并刺杀构陷者司马周季重、员外司户郭若讷，方得脱罪逃生。杜并为父报仇之事，震惊朝野，杜审言回京后受到武后召见，则天叹重其文，擢授著作佐郎，迁膳部员外郎。中宗神龙元年（705），"坐与张易之兄弟交往"，长流岭外。神龙三年（707），遇赦还朝，授国子主簿。值得注意的是，唐中宗返正后，曾下诏令三卫侍从、藩王及可汗子孙愿入学者，可附国子学读书。这些"长安恶少"出身显赫，多数难于管理，更不用说清退与惩戒了。或许朝廷正是看重杜审言傲岸于物的个性、历经政治波折的坚韧以及血性与儒行并重的家风，才让这位才华与个性兼备的老诗人出任国子主簿。但杜审言授官后不久即加修文馆直学士，可能并未在国子学履职，或履职时间较短，现存史料中难以见到其黜落不合格生徒的记录。

唐代中后期的国子主簿之授，往往择选自学行世家，或文章巨擘之亲友。如窦庠，其举进士后，曾短暂出任方镇从事，转国子主簿。其兄窦常国子祭酒致仕，窦牟亦任国子司业。尉迟汾，曾获韩愈荐举。韩愈挚友樊宗师，亦曾得授国子主簿。此外，国子主簿还被用来安置刚直不阿的贬谪之

---

① 《旧唐书》，第 4999 页。

② 彭庆生《陈子昂集校注》，黄山书社 2015 年，第 1175 页。

臣，如宪宗朝的左拾遗杨归厚，因抨击宦官而触怒宪宗，在宰相李吉甫的疏救维护下，被贬为国子主簿，分司东都。

国子监的录事是其行政架构中的最末一级，“掌受事发辰”，即接受其他部门移交的案卷，登记接受日期并计出程限。目前在史籍及出土文献中，尚未见到任此职者的记录。由于国子监录事身为检官，负责收案、发案，其职责在行政流程中很重要。可以想见，作为国子监政务运行的一环，朝廷同样必须选用认真负责的吏干之才出任此职。因此，我们可以从出任其他寺监录事者的履历中略窥其简选逻辑。如《唐故隋河阴令董君铭》所载董收，他因吏部尚书牛弘的举荐而出任密州诸城县尉，又因“详用轻典”、处罚从宽之能，迁大理寺录事。另如郭崈，“弱冠，强学为吏，心贞铁石”[①]，玄宗开元七年（719），授太府寺录事，后因钩稽之能，于开元十七年（729），拟西京东市丞。从此二人的仕宦经历可知，此类寺监录事虽为流内职事，但日常工作近于吏职，故不为清贵士人所喜，简选充任者也多长于案牍之术，以清勤忠悫为能。

① 《全唐文补遗·千唐志斋新藏专辑》，第 204 页。

第二章　国子六学的建制与运转：国子学、太学、四门学

《新唐书·选举志》："凡学六，皆隶于国子监。"[1]唐代的中央官学以国子学、太学、四门学为核心，并设有书学、算学与律学三所专科学校。前者是以经学教育为主要内容的学校，后者是从相应的行政部门逐步转移到国子监下的学校。国子六学构成了唐代中央官学教育的主体。

一、国子学的制度渊源、演变与学官设置

作为教学机构的国子学始于西晋，它是一所针对高官子弟开设的学校，自西晋咸宁二年（276）以来，一直延续不断。国子学学官的官品高于太学、四门学，是中央官学中最重要的一所学校。国子学的生徒来源为贵胄子弟，根据《旧唐书·职官志》《新唐书·选举志》及《唐六典》所载，唐代国子学生的补选标准是：文武三品以上、国公子·孙，（从）二品以上曾孙、勋官二品、县公、京官四品带三品勋封之子。生徒员额由武德初年的七十二人逐步扩充到三百人，其后根据国家财政情况时有删削。

① 欧阳修、宋祁《新唐书》，中华书局 1975 年，第 1159 页。

从制度渊源上看，隋唐的国子学主要是继承了北朝的治学传统。首先，与南朝齐梁动辄一百五十人至两百人的招生员额相比，北魏至唐初的国子生数量基本上稳定在三十六、七十二人这两个数量。其次，北朝的国子生徒是国家官吏的重要来源之一。朝廷为了笼络阀阅之家，特地规定了入学生徒的官品。北魏孝文帝太和十七年（493）的《职品令》规定，国子学生品阶为第七品中。北齐国子学生为视品官，品阶“视从七品”。隋代因之，并将品阶提升至正七品。这种做法，实际上是在官员不充足的情况下，将国子生视为潜在的官员后备力量。唐代的国子生则没有品阶，这主要有两方面原因。一方面，唐代的选举制度已经臻于完备，每年的选人逐渐增多，不需要再以学生直接充当官吏；另一方面，唐代皇室有意打压旧门阀士族的势力，不仅要求以父祖的官职品阶作为生徒的入学标准，而且入学生徒也要历经层层考核，方能出仕为官。在各种因素的叠加影响下，唐代的国子学取消了生徒的官职品第。正因如此，唐代的国子学才获得了进一步发展的空间。一方面，学校可以通过扩大招生规模，将更多的人才笼络到官方学校中来；另一方面，国子学真正具备了筛选优劣的教育功能，而非仅仅作为后备干部的养望之所。

唐代初期国子学生的补选由尚书省负责，由礼部操持实行，学官的简任亦堪称得人，其运行自贞观以来颇有实效。武后登位之后，有意打压关陇贵戚，多从民间乡贡举子中任命官吏，对简拔贵戚子弟的国子教育不甚在意，史称“永淳以来，二十年间，国学废散”[①]。祭酒、司业皆由驸马外戚担任，学官不择其人，学生的阙员也无法及时得到补充。故中宗返正后，特意扩大了国子生徒入学的范围。神龙二年（706），敕许三卫子弟番下之际，附国子学读书。由于亲卫、勋卫、翊卫皆为贵戚子弟荫官，其中亲卫“取三品已上子、二品已上孙为之”，勋卫及率府亲卫“四品子、三品孙、二品已上之曾孙为之”，翊卫及率府之勋卫“四品孙、职事五品子·孙、三品曾孙、若勋官三品有封者及国公之子为之”，诸卫及率府之翊卫“五品已上并柱国若有

① 《旧唐书》，第2866页。

封爵兼带职事官子孙为之”，这些贵戚高官子弟本身即具有出身之品阶，如勋卫、太子亲卫为从七品上，翊卫、太子勋卫为正八品上，让他们入国子学附学读书，既免去了省司补选的烦琐手续，又保证了日后稳步上升的仕进通道，可谓一举两得。中宗此举不仅扭转了学生短缺的困境，而且提供了一种补录学生的权宜之法。安史之乱后，国子学等中央官学亟待重建。永泰二年（766），代宗敕许宰相、朝官、六军诸将、诸道节度、观察使、防御使之子弟附学就读，已出仕愿附学者亦听。其实就是仿效中宗的故智。

唐代国子学的制度可称为“庙学一体”，即以孔庙、讲堂为核心构建国子学的教学空间，以释奠礼、乡饮酒礼等祀典为实践形式，从文本与实践两方面进行礼乐教育。除了讲授经书外，按时举行的各类典礼也是教育内容的重要组成部分。这是一种由“庙”与“学”共同构成的学校制度。从制度渊源上看，南北朝时期“庙学一体”的学校制度逐渐成熟①。北齐国子寺内设有孔子、颜回庙，北周也曾在国子学内举行两次释奠礼，均由皇帝主持参与。《隋书·礼仪志》则明确记载：“隋制，国子寺，每岁以四仲月上丁，释奠于先圣先师。年别一行乡饮酒礼。”②唐代因之，但次数减少为春秋两季，即在每年春、秋季的第二个月（农历二、八月）的“上丁日”（上旬的丁日）祭祀孔子。由于孔庙多设置于国子学内，故而国子学在流外官中还设立有“庙干”一职，“掌洒扫学庙”③。

唐代国子学的学官分为二级，设国子博士二人，正五品上；国子助教二人，从六品上。从官制沿革看，晋武帝立国子学时，博士仅设一人，但助教员额有十五人，恰好对应汉魏以来太学博士加博士祭酒的总人数，可见国子学的学官乃是仿效太学而增设的高品博士。西晋博士品阶为第六品，助教品阶不详。东晋初年国学废置，学官久缺。晋元帝大兴年间，“唯《周易》王氏，《尚书》郑氏、《古文》孔氏，《毛诗》、《周官》、《礼记》、《论语》、《孝经》

① 按，北魏孝文帝太和十三年在中书学（国子学）建孔子庙，南朝梁武帝天监四年也在国子学设立孔庙，南北朝的庙学制度大体相似。隋唐继承其制度，也在国子学内建置孔子庙。

② 《隋书》，第 181 页。

③ 《唐六典》，第 560 页。

郑氏，《春秋左传》杜氏、服氏，各置博士一人”[①]，后“又置《周易》《仪礼》、《公羊》博士。末年增国子《仪礼》、《春秋公羊》博士各一人，合为十一人。后又增为十六人，不复分掌五经”[②]，但孝武帝太元年间又将助教减为十人，可见博士的增减可能与学内所授经书的数量有关。南朝齐、梁、陈则定博士员额为两人，其他不变。[③]博士品阶基本维持在六品。北朝情况较为特殊，孝文帝迁都洛阳前，国子学以“中书学”的名称出现，隶属于中书省。学官称中书博士，助教称教授博士，生徒名中书学生。迁洛后，中书学才改称国子学。北魏国子博士的员额不详，但将博士品阶提升到第五品上，助教品阶定为从第七品。此后的北齐、隋、唐基本上延续了北魏的规制，但北齐设国子博士员额五人，助教员额十人，这应是兼综南北制度的考量。隋文帝设博士五员、助教五员，炀帝均减为一人。唐代将助教品阶提升为从六品上，博士品阶不变，员额皆为两人。

唐代的国子博士群体堪称庞大，其中多为学行高明、文章优赡之辈，我们今天依然耳熟能详的学者、文人，如孔颖达、陆德明、韩愈、张籍、李翱等，都曾出任过国子博士。此外，还有大量的国子博士不为今人所熟悉，但他们皆是当时的一流学者或德行高尚之士。如马嘉运、贾玄赞、盖文懿、谷那律、徐文远、朱子奢、尹知章、吴扬吾、范义硕、开休元、褚无量、郗恒通、郭谦光、范行恭、刘伯庄、侯行果、康子元、陆质、刘伯刍、郑还古、令狐绪等。相较于祭酒与司业而言，国子博士的简选更为强调学问与德行的积累，更强调出任者的儒者素养。

由于国子博士职入五品，属于制授的高层职官，所以其人选来源主要分为三类。一是由太学博士、国子助教等学官迁转而来。如玄宗时期的开休

① 《通典》，第 1465 页。

② 王若钦等编纂，周勋初等校订，《册府元龟》，凤凰出版社 2006 年，第 6866 页。

③ 按，据《通典》《册府元龟》等所载，刘宋规定，“若不置学，则助教唯置一人”，但祭酒、博士则是常设之官。宋明帝泰始六年以国学废，初置总明观祭酒一人，设玄、儒、文、史四科，每科置学士各十人。齐武帝永明三年，国子学复立，总明观省。可见刘宋后期，国子学实际上并未设立，而是以“总明观”代替废置的国子学。故而其总明观学士即为博士等学官。南齐虽置国子学，但经常以先帝崩行“国讳”而废学。

元，“幼而聪辨，七岁能诵诗书。……廿一乡贡明经擢第。其年预大成。君一览千言，成诵于口，因经拾紫，易如取芥。故时论以为荣”[①]，他在经历数任地方佐职后，进入萧嵩幕府，因功擢授国子助教。服阕后，制授国子博士。二是由其他诸司官僚转任，也可由国子博士转任其他省、监。张籍即由秘书郎升国子博士，又由国子博士转授水部员外郎。他的任命制书是由白居易撰写的，白居易在制书中盛赞张籍，称他是文学与儒行俱佳，故能三转文雅之职：“文教兴则儒行显，王泽流则歌诗作。若上以张教流泽为意，则服儒业诗者宜稍进之。顷籍自校秘文而训国冑，今又覈名揣称，以水曹郎处焉。前年已来，凡历文雅之选三矣。然人皆以尔为宜。岂非笃于学，敏于行，而贞退之道胜也？”[②]三是由民间征召，经官员寻访荐举后，皇帝直接制授简拔。这些选自民间的学者并非全部是儒学大家，颇有好道隐士获得征召。如王希夷，孤贫好道，隐于嵩山，师从道士黄颐。他在山中隐居四十年，后与道士刘玄博隐于兖州徂徕山。开元十三年（725），玄宗东巡封禅，召致驾前，令中书令张说访以道义。玄宗特下制任命这位九十六岁的隐士为国子博士，“命秩以尊儒，……听致仕还山”[③]。王希夷虽被征召，但实际上并未履职，只是作为国家尊道崇贤的象征。而代、德之际的隐士孔述睿则有所不同，他是实际履任的国子博士。孔述睿出身官宦之家，他与兄克符、弟克让皆以孝闻。既孤，俱隐于嵩山。孔述睿因好学而得名，获刘晏荐举，代宗以协律郎征之，转国子博士，后又辞官归隐。德宗践祚，再召为太子侍读。孔述睿善地理之学，任史馆修撰时重修《地理志》。他性情谦和，与同僚相处和谐，时人称为长者，德宗诏书中称许他是“德重朝端，行敦风俗，不言之教，所赖攸深”[④]。从受征召者的经历看，朝廷颇为认可此类民间学者的操守德行，认为他们有移风易俗、劝励学风的作用。

值得一提的是，并非所有的国子博士均为道德完人，如德宗的老师张

---

① 吴钢《全唐文补遗》（第一辑），三秦出版社 1994 年，第 131 页。
② 谢思炜《白居易文集校注》，中华书局 2011 年，第 555 页。
③ 《旧唐书》，第 5121 页。
④ 同上书，第 5131 页。

涉，纳贿被罢。同时，也不是所有的国子博士都是能力卓著者，如昭宗朝的国子博士朱朴，因道士许岩士所荐而为宰相，但“为人木强，无它能”[①]。另外，国子博士也有可能出自宰执之家子弟，或父祖有世传家学，如张弘靖之子张次宗、郑余庆之子郑澣、韩愈之子韩昶等。总体而言，唐代的国子博士们大体上可称学识与德行兼备，且人选的简授也维持着较高的水平，较少滥授的情况。当然，国子博士在唐代中后期也出现了成为检校官的情况，但数量相对较少，且授予者是节度判官一类的幕府文职之士，如天雄军节度判官薛纁，就曾以检校国子博士为加官。与国子祭酒、司业相比，朝廷对国子博士一职的简授与使用明显采取了更审慎的态度，即便是寄禄官也不轻易使用国子博士衔。

唐代国子助教的品阶虽低于国子博士，但并非前者的下属。国子助教作为国子博士的前资官，经常出现在文儒之士的任职履历中，二者的简选与迁转有一定的相似性。国子助教既可以直接升任国子博士，也可升为太学博士后再转国子博士。一般而言，国子助教属于职事六品的中层文官，与尚书诸司员外郎同阶，虽然重要性无法与后者相比，但在甄选精细的唐代官场，主要还是循资格逐步迁授的。当然也存在一些特例，如司马才章，其父司马烜“博涉五经，善纬候”[②]。才章少传其业，隋末时已为郡博士。按照《贞观令》，中郡博士为正九品上阶，正因隋时他已有此位阶，故而后来才能获得房玄龄的举荐，超阶擢授国子助教。与司马才章具有相似经历的是孔颖达和盖文达。他们在隋末时亦曾为州郡博士，入唐后擢为国子助教。孔颖达后来还被太宗引为文学馆学士，高祖武德九年（626）擢授国子博士。唐代初期因存在官员短缺的问题，故而国子助教可由地方州郡博士迁转而来。

此外，国子助教还可以由秘书省职官、王府学官迁转，或者以这两种身份兼任助教。如陆德明，南陈时释褐始兴王国左常侍，迁国子助教。入隋后，以秘书学士的身份复叙此职。太宗平王世充，取德明为文学馆学士，教中山王承乾，寻补太学博士，贞观元年（627）迁国子博士。朱子奢亦由炀

① 《新唐书》，第 5386 页。

② 《旧唐书》，第 2603 页。

帝秘书学士迁国子助教。高宗朝的沈伯仪，由校书郎兼周王（中宗）侍读而授国子助教，侍读如故。国子助教品阶较高，不可能成为士人的释褐官，但史载李绅“元和初，登进士第，释褐国子助教”[①]。李绅的情况较为特殊，很有可能是史书漏记了其释褐时所任的校书郎之职导致的，不能视为国子助教简选的特例。

国子助教的职责是“掌佐博士，分经以教授焉”[②]。因为唐代国子监内对生徒的考核标准是通经，一般的明经科要求“通二经”，这就要求生徒在修习时有所侧重，国子助教就可根据个人所擅长的经书科目加以教授。此外，国子助教也可担任试官，负责当年监内生徒的课业考核。长于艺文的助教不仅要负责经书教授，也要出题课试修进士业生徒的诗文。温庭筠曾任官国子助教，其《榜国子监》一文云：“右前件进士所纳诗篇等，识略精微，堪裨教化；声词激切，曲备风谣。标题命篇，时所难著。灯烛之下，雄词卓然。诚宜榜示众人，不敢独专华藻。并仰榜出，以明无私。仍请申堂，并榜礼部。咸通七年十月六日，试官温庭筠榜。”这是其担任懿宗咸通七年（866）国子监试官时所写榜示文书。从这篇文书可知，每年十月[③]，被任命为试官的国子助教，要对监内参加结业考核的生徒进行测试，考核的内容主要根据生徒所修习的科目而定。温庭筠此次考核的对象是“修进士业”的生徒，故而考试内容中有诗赋等。除了将合格生徒所作的优秀诗篇予以榜示，国子助教还应将考核结果一并报送至尚书都省，同时榜送礼部，经过后两者的审核批准后，这批生徒方可参加来年春天的省试。

唐代的国子助教多择取才学兼备者担任，目前所见史籍及出土文献可考

---

① 《旧唐书》，第 4497 页。

② 《唐六典》，第 560 页。

③ 按，据《唐摭言·会昌五年举格节文》：“公卿百寮子弟及京畿内士人寄客外州府举士人等修明经进士业者，并隶名所在监及官学，仍精加考试。”胡宾王《邵谒诗序》云：“（谒）寻抵京师隶国子，时温庭筠主试，乃榜三十余篇以振公道。”可知，温庭筠此次考核的对象不仅有监内就学的生徒，还有乡贡隶名国子学者。《通典·选举三·历代制下》云“每岁仲冬，郡、县、馆、监课试其成者”，《唐摭言》“仲冬”作“十月”，傅璇琮《唐代科举与文学》赞成其说。另《唐诗纪事》亦载“温庭筠在太学博士，主秋试，涛与卫丹、张郃等诗赋，皆榜于都堂”，秋试亦合十月之说。故据《唐摭言》等说，改“仲冬”为“十月”。

者，如李善信、史士弘皆为《五经正义》的编撰者，经学造诣深厚；张籍、李绅、温庭筠等皆为知名诗人，诗文彪炳千古。中晚唐时期，部分兼具行政才能与文史造诣者也可担任此职，他们多有履职地方或参佐幕府的经历。如卢当，文宗开成二年（837）明经擢第，调补汝州临汝尉，“年幼秩卑，能振官业。籍籍之誉，喧于洛师”，因此受到夏绥银宥节度使郑助的赏识，辟为淮南节度使从事。卢当在任上继续表现出优秀的行政才能，后“府罢，从调补国学助教”[①]。另如薛公达，“始举进士，不与先辈揖。……及擢第，补家令主簿”[②]，家令主簿即太子家令寺主簿，为东宫正九品下职官，“掌印及勾检稽失。凡寺、署之出入财物，役使工徒，则刺詹事，上于尚书；有所隐漏，言于司直；事若重者，举咨家令，以启闻”[③]，从日常处理的事务来看，出任该职者必须具有一定的行政能力，方能处理此类烦琐的公务。薛公达本人又以文辞知名，韩愈称其“作《胡马》及《圜丘》诗，京师人未见其书，皆口相传以熟”，累佐凤翔军、河阳军幕，“任事去害兴利，功为多”[④]，入朝拜协律郎，宪宗即位后整顿国子学，诏拜国子助教，分司东都。

国子博士、助教之外，国子学另有直官二人。他们的职责是协助博士、助教进行教授，虽无固定品级，但也属于学官之属。国子监直本是唐代直官的一种。据《唐六典》“吏部郎中”所引令式称：“凡诸司置直，皆有定制。……国子监明五经一人、文章兼明史一人。”[⑤]可知国子监直可分为“五经直”和“文史直”两员。那么这两位直官究竟是属于国子监，还是归于国子学呢？根据穆宗长庆三年（823）殷侑的奏疏：“伏惟国朝故事，国子学有文史直者。”[⑥]以及《旧唐书·儒学传》载朱子奢出使新罗，接受新罗人的美女贿赂，违令为新罗人讲授《左传》，“太宗责其违旨，犹惜其才，不至深谴，

① 《全唐文补遗》（第一辑），第361页。
② 刘真伦、岳珍《韩愈文集汇校笺注》，中华书局2010年，第1587页。
③ 《唐六典》，第697页。
④ 《韩愈文集汇校笺注》，第1588页。
⑤ 《唐六典》，第35页。
⑥ 《全唐文》，第7855页。

令散官直国子学”[①]。朱子奢精于《左传》，应该是充当“五经直”。可见虽然这些直官隶属于国子监下，但实际授课则是在国子学中。此外，朱子奢是因贬官而出任直官，可见此类职官取人颇为灵活，不受一般的升迁次序限制。唐代出任国子监直官者，另有玄宗朝的赵玄默，他曾帮助马怀素勾校秘书。窦庠的次子窦载，亦曾任国子监直官。

由于直官本身没有品级，需要借助散官、职事品、勋品乃至卫官品以定俸禄，所以虽同为直官者，待遇有可能不一样。有些国子监直是以本品（散官）充任，根据目前出土可见的唐代墓志，从正七品下的宣德郎到正六品上的朝议郎，都可充任。此外，直官的选取标准和其他职事官不太一样，根据《唐六典》所载律令格式，分为本司铨注与吏部补授两类。本司铨注者，又称“本色直”。如秘书省、殿中监、太常寺、太仆寺、史馆、左春坊等机构内的“伎术之官”，欲担任本司直官者，可由本司长官考核铨授。值得注意的是，这些伎术官得授直官后（称“伎术直”），多数只在本司内部迁转，不得外叙其他部门。[②]如果本司内部有缺任，要先授予他们；若无合适的人选，才能听授本司之外的散官。本司经历过两次考选的伎术直官，方可外叙。国子监的性质与秘书省、太常寺、史馆类似，所以国子监直官也很有可能为“本色直”，但因不属于“技艺”之类，所以少有流外入流者担任。

吏部补授者，又称“它司直”，即由吏部各司铨注的直官。这些直官的铨选和一般选人考核过程有所不同，乃是让有意参选者“请射”，自我推荐到吏部，然后由有司加以考试。如《元和姓纂》载：“开元中，幽州人帅夜光，上《三玄异义》三十卷，集贤院试三玄策十道，及第，诏直国子监。”[③]帅夜光通过上书的形式自荐，获得了集贤院的考试资格，他的专业在于“三玄”，很有可能是想到国子监内的崇玄学担任学官，故不同于一般的国子学五经直、文史直，由朝廷下诏特直国子监。由于吏部注拟直官，侵夺了本司

① 《旧唐书》，第 4948 页。

② 按，少数流外入流者也有例外的情况存在，如张先，原为翰林院书手，后因功为彭州道江尉，再得玄宗敕命“直中书省”，本官为左司御率府仓曹，其仕宦经历见《唐故括州遂昌县令张府君墓志铭并序》。

③ 陶敏《元和姓纂新校证》，辽海出版社 2015 年，第 511 页。

铨选的权力，“它司直”与“本色直”之间存在着“谁上谁下”的矛盾。这些出任直官者，特别是“伎术直”群体，又多为长于专能的技术型人才，因此还必须经由本司考核后，方能上任。有鉴于此，开元二十八年（740）殿中省奏请称，尚食局的有品直官“多被诸色人请射”，希望今后先从本司无品直司中补授，“妄来请射，不在补限”[①]，实际上是禁止吏部插手本司直官补选。而国子监直官的铨选有所不同，它属于文化范畴，不属于纯粹的伎术官。所以既有“本色直”出身者，如《新唐书·艺文志》载康国安，“以明经高第直国子监，教授三馆进士”[②]；也有“它司直”出身者，如《封氏闻见记》所载张陟，自举日试万言科，经中书考试后，“拜太公庙丞，直广文馆”[③]。总体而言，直国子监的学官，以五经、文史为教授重点，但为了活跃生员教学，提高他们进士、明经的及第率，也常有长于文史的不次之才，经过简选而进入国子学中。

国子监内还有一种类似直官的国子直讲。国子直讲不同于“直国子监”，其员额为定例四人，《唐六典》“直讲四人”条曰：“皇朝初置，无员数；长安四年，始定为四员。俸禄、赐会，同直官例。”[④]也就是说，唐代早期的国子直讲是一种特殊的临时差遣，直到武周长安四年（704）确定了员额之后，才真正具有了体制内的制度保障。直讲虽“俸禄、赐会，同直官例”，但其职责与国子直官有所不同，“掌佐博士、助教之职，专以经术讲授而已”[⑤]。换言之，国子直讲可能与博士、助教具有上下级关系，而且只负责经术教育，而不负责文史之教。长安四年前，由于国子直讲无固定员额，根据实际需要铨注，但国子监对生员授经又有严格要求，“每授一经，必令终讲，所讲未终，不得改业”[⑥]。若国子直讲每年改授，那么对于需要授业两年的中经及三年授经的大经而言，国子直讲的改选必定影响授徒教学。这可能是长安四年

---

① 王溥《唐会要》，中华书局 1960 年，第 1127 页。

② 《新唐书》，第 1602 页。

③ 赵贞信《封氏闻见录校注》，中华书局 2005 年，第 96 页。

④ 《唐六典》，第 561 页。

⑤ 同上。

⑥ 《唐会要》，第 1161 页。

将国子直讲员额固定，并规定四年考选的直接原因。

国子监四名直讲，可能随机分配在国子学、太学、四门学、律学等学的学馆中，根据各学之名称之。故除了国子直讲外，《新唐书》《集贤注记》另有“四门直讲余钦”的记录，《全唐文》收录有“律学直讲”仇道朗的墓志。“太学直讲”虽未见于唐人记录，但宋代官制中即有此设，推测唐代亦应有之。出任国子直讲者多为明经及第，可谓正当其职。如归崇敬，明经及第后守丧乡里，以孝而闻，“调国子直讲”①；左适，明经及第，任国子直讲；俞仁玩，“圣历之初，乡赋上省，贵为造士，登以甲科。铨衡以说释发明，道义通洽，解巾拜国子直讲，从时选也”②；皇甫滋，“精经学，以明经入仕，前任国子直讲”③。因为国子直讲的主要职责是经术教授，所以由明经出身者担任最为合适。直讲虽没有品级，但其俸禄待遇与直官相同，也较为适合安置刚刚踏上仕途的新人。

二、唐代太学的沿革、建制与学官群体

太学的创制时间要远远早于国子学。太学之名见于《礼记》等书，自先秦以来便是中国极为重要的学府。汉代太学尤为兴盛，乃是当时当之无愧的最高学校。晋代创立国子学后，太学方屈居其下。太学历经南北朝战乱洗礼而不废，隋唐时期依然是最重要的官学之一。唐代太学学生主要是高层官僚的子弟，其录取标准为文武官五品（散官）以上子孙，职事官五品期亲，郡、县公子·孙，勋官三品以上有封之子。

从历史发展看，太学生的数量曾远远超过国子学生。汉代的太学生动辄千人，东汉质帝、桓帝时期甚至一度达到三万人之多。即使是天下大乱的三国时期，曹魏太学中依然保留了千人规模的太学生员额。西晋一统后，晋武帝大力劝学，太学生一度恢复到七千人左右。但从汉代到晋代，太学生的择

① 《新唐书》，第 5035 页。

② 齐运通《洛阳新获七朝墓志》，中华书局 2012 年，第 244 号。

③ 《全唐文补遗·千唐志斋新藏专辑》，第 407 页。

选标准发生了变化。汉武帝时曾下诏，择“民年十八已上，仪状端正者”[①]为太学生，可见汉代太学生主要从民间选拔。曹魏时出现了择官员子弟为太学生的呼声。西晋正式著令以公卿子弟为太学生，但尚未规定具体的官品。东晋因丧乱南迁，学校未遑建设，太学生一度仅保留六十人。南朝时期，为了保证释奠礼的举行，太学生的规模基本维持在六十人左右。北魏初年，虽然道武帝下诏置太学生千人，但仅为具文，未能真正实施。孝文帝迁洛后，太学建设才提上议事日程，但其生徒员额及选取标准仍未见于史籍。北朝的太学生应和国子生相似，皆为具有品阶的后备官僚。北齐太学生员额为二百人，品阶不详；隋文帝定为三百六十人，“视从八品”[②]。但文帝仁寿元年（601）撤毁学校，太学一度停办，只有国子学以太学的名义保留。炀帝登基后，恢复太学，并将生徒员额定为五百人。武德元年（618），唐高祖减为一百四十人，但著令取五品以上子孙为之。龙朔时减为七十人，开元时恢复五百人的规模。此后，太学生的数量随着国家财政情况而时有增减。

唐代太学生的补选同样由尚书省负责，其培养成效也颇可称道。唐代出身太学的名臣文士颇多，如张柬之、萧颖士等皆为太学生出身。但唐代前中期的太学发展并非一帆风顺，曾遭受过两次直接打击，一是武周代唐，二是安史之乱。光宅元年（684），陈子昂曾上《谏政理书》向武则天痛陈新朝太学之废：“学堂芜秽，略无人踪，诗书礼乐，罕闻习者。陛下明诏尚未及之，愚臣所以私恨也。”他在奏疏中恳请武后“诏天下胄子，使归太学，而习业乎斯，亦国家之大务也”[③]，但这一心愿直到中宗返正后方得实现。安史之乱中太学生流散严重，随之而来的边患又使得国家举措捉襟见肘。代宗重建太学时，甚至采取吸纳功臣武将子弟为生徒的举措。永泰二年（766），朝廷下制：“顷以戎狄多虞，急于经略，太学空设，诸生盖寡。……其诸道节度、观察、都防御等使，朕之腹心，久镇方面，眷其子弟，为奉义方，修德立身，是资艺业。恐干戈之后，学校尚微，僻居远方，无所咨禀，负经来学，

① 《史记》，第3119页。
② 《隋书》，第790页。
③ 《册府元龟》，第6962页。

宜集京师。”① 与吐蕃议和短暂休兵后，代宗急于敉平武将反复叛乱造成的恶果，故而将希望寄托到了教育之上，其本意是想通过吸纳藩镇子弟入学，使这些骄悍兵将能够习礼知礼，但由于国家无法保证这些生徒的仕途前程，所以这种兼具强制与劝赏的做法并未起到复兴太学的作用。除了战乱与政争之外，对官学教育构成最大挑战者，乃是科举中乡贡一途的崛起。唐代前期，太学生举明经、进士者众矣，开元天宝年间，乡贡群体崛起并日渐占据仕途主流。在这种背景下，唐代后期太学生的质量也出现明显下降。

唐代太学的学官亦分为二级，设太学博士三人，正六品上；太学助教三人，从七品上。太学博士员额自汉以来皆与授经之数相符，东汉光武帝设太学博士多达十四人，曹魏、西晋更是扩充至十九人。魏晋太学博士员额亦符合上述原则，增设的博士数量恰好对应新立为官学的王朗《易传》、《尚书》《诗经》《论语》的王肃注等。从这种配置也可以看出，历代太学教育主要以经学教育为主。曹魏将太学博士官品定为第五品，晋代则降为官品第六。南朝梁陈的太学博士员额缩减，品阶也有所降低。梁代仅设太学博士八人，班次为第二班。陈代太学博士官品第八。北朝前期情况不详，道武帝虽设有太学博士、助教，但员额、品阶均不详，可能只是具文而已。北魏中期，太学博士官品恢复晋代旧制，为第六品；助教则为新设之官，前代太学所无，官品为第八品中。孝文帝太和二十三年（499）改制，将太学博士降为从第七品下，助教并无明文，有可能继续保留在第八品内。北齐太学博士官品不变，员额为十人，太学助教官品为从第九品，数量多达二十人。北周复古改制，其博士、助教各六人，以合六经之数，博士为正四命，助教为三命，但实际上依然对应九品官制的旧有等级。隋、唐基本上延续了北朝后期的官制，但对博士、助教员额进行了缩减，仍以经数为设员标准。隋文帝设太学博士五人、助教五人，以应五经之数。炀帝减为各二人，但将太学博士的品阶从文帝时的从七品提升为从六品，助教保持正九品不变。唐代将博士品阶改为正六品上，助教品阶提升为从七品上，使两者之间的品阶相差不至

① 《旧唐书》，第 281–282 页。

于过大。

唐代的太学博士群体与国子博士群体有着极强的重合性，二者之间的迁转极为常见。唐代曾出任太学博士者多为硕学名儒，其中不乏术业精深且个性耿直者，如马嘉运驳《五经正义》不当之处，为当时学者所称道。马嘉运少出家为僧，明于《三论》，还俗后精于儒术，尤善辩论。贞观初，累除越王东阁祭酒，不久罢归白鹿山讲学。贞观十一年（637），召拜太学博士，兼弘文馆学士。贞观十六年（642），孔颖达等学者修成《五经正义》，太宗盛赞为“博综古今”“实为不朽”之作，但马嘉运认为《五经正义》的内容颇多繁杂，“驳颖达所撰《正义》，诏更令详定”①。有这样的学官作为老师，自然能够砥砺学风，劝导生徒，引导学生求真求实。唐代前期，太学内部的学术辩论非常自由，不仅学官之间相互辩难讨论，甚至学生也可以升坐讲经，接受其他人的问难。如王德表，贞观十四年（640）参加太学释奠礼，“公以英妙见推，当仁讲序。离经辩义，独居□［重］席”②，受到了太宗和太子的盛赞。

值得注意的是，唐代并非所有的太学博士均为学者出身。唐代中后期的行政官僚，亦可出任太学博士。如贞元时期的班繇，因父班宏为户部尚书，得以襁褓之岁恩荫得官。少年入仕，历任太常寺奉礼郎、郑县主簿、盩厔县主簿。在盩厔主簿任上，充任穆宗陵园使，以功迁太学博士。班繇虽非明经出身，但“少习《左氏传》，必究成败会盟之理，每阅览《诗》《礼》，未尝不探精微训诂之义”③，课试生徒颇为用心，荐送科举者皆登高第，考绩甚佳，受到国子祭酒卫中行的赏识。据此可知，唐代对太学博士的评价存在两种记录方法，一是学官本身学行优长，在著书立说方面有留名青史之作，二是从行政考绩的视角出发，在培养生徒成材方面有特殊贡献。

韩愈的《施先生墓铭》则兼综二者之长，描述了太学博士施士丐因学问精深，长于讲授而获得生徒推崇的事迹。根据韩愈所述，施士丐“明毛、

① 《旧唐书》，第 2603 页。

② 《全唐文补遗》（第一辑），第 78 页。“重”字据墓志图版补。

③ 《唐故国子监太学博士班四门府君墓志铭并序》，见陕西省考古研究所编《长安高阳原新出土隋唐墓志》，文物出版社 2016 年，第 92 号。

郑《诗》，通《春秋左氏传》”，因善于讲说经义，在朝之士大夫皆向其求教，不仅太学生为其弟子，进入太学访学的贵游子弟也纷纷求教：“太学生习毛郑《诗》、《春秋左氏传》者皆其弟子。贵游之子弟时先生之说二经，来太学，怙怙坐诸生下，恐不卒得闻。”[①]施士丐的仕宦经历亦可用来说明大部分太学博士的迁转惯例，他在太学十九年，由四门助教迁太学助教，由太学助教再迁太学博士，又因教学成效突出，秩满后屡次获慰留。与施士丐有相同经历者，还有贾玄赞。他明经擢第后，初任洛州博士，除太学助教，转国子助教，再迁太学博士。整体而言，由州郡博士、王府学官进入国子监，担任一、二任助教后，转授四门、太学、国子博士，乃是当时学官群体的普遍升迁路径。

太学助教的选拔与博士相似，多取经明行修之士担任，但部分具有专能之士也可任官。有些助教出身经学造诣深厚的学官世家，如蒋渤，其父蒋权终官国子直讲，蒋渤深受家学影响，“幼而端肃，有若成人。勤修儒行，非礼不动”，弱冠明经擢第，调补汝阳主簿，“袟满，选部召拜大学助教”[②]。太学助教中兼通数经者亦有之，如赵乾叶不仅参与编纂《周易正义》，还对《毛诗正义》的内容进行了覆正。此外，还有以算学见长的太学助教，王真儒即为一例。他曾与李淳风、算学博士梁述共同“受诏注《五曹》、《孙子》十部算经”[③]。另，太学助教余钦长于目录之学。玄宗开元年间命马怀素、褚无量召集学者续修丽正殿书目，后元行冲修《群书四部录》，余钦即参与其中。太学助教康国安虽以“明经高第直国子监，教授三馆进士”[④]，但其文学造诣颇深，在《文选》研究上见长，著有《注驳文选异义》二十卷。

太学的学官除了博士、助教之外，另有典学、掌固等流外之任。典学是唐代学官的标准配置，除了太学外，其他国子监各学皆有设置，太常寺太医署的医学学校也设有此职，其主要职责是抄录课业。由于唐代科举墨策多以

---

① 《韩愈文集汇校笺注》，第 1536 页。

② 《唐故居士蒋公墓志铭并序》，见毛阳光、余扶危《洛阳流散唐代墓志汇编》，国家图书馆出版社 2016 年，第 207 号。

③ 《旧唐书》，第 2719 页。

④ 《新唐书》，第 1602 页。

抄写、背诵经文注疏为主，校证课业中的文字讹误就显得十分重要了。唐代官方有《五经文字》《九经字样》等字书，可供生徒使用。典学的主要任务应该就是根据字书所规定的“正体”来抄录生徒的课业。唐玄度《九经字样序表》中说《五经文字》乃“专典学者，实有赖焉”[①]，可见典学出任者应是精通文字之学者。

三、四门学的制度沿革与学官简选

相较于太学、国子学而言，四门学是创立时间最晚的中央官学，它是依据周礼制度中的小学设立的。故北魏太和二十年（496），孝文帝于洛阳四门设小学，即谓之“四门小学”。从四门学的渊源看，《礼记》云：“虞庠在国之四郊。”[②]这应是后世于都城四门外设小学的经义来源。石赵立国后，曾在襄国四门立小学，这是北朝制度的直接渊源，但史籍中并未明确以“四门小学”统称，而是各所小学都有自己的名字。《晋书·石勒载记》：“勒增置宣文、宣教、崇儒、崇训十余小学于襄国四门，简将佐豪右子弟百余人以教之。”[③]北魏太和二十一年（497），刘芳上表称四门小学过于分散，请求在太学附近集中设学。其奏疏称：“今太学故坊，基址宽旷，四郊别置，相去辽阔，检督难周。计太学坊并作四门，犹为太广。以臣愚量，同处无嫌。”[④]石赵都城襄国狭小，而洛阳城周广大，仅太学坊的四座坊门周围就可以满足四门学所需，故孝文帝采纳其建议，将四门学与太学统建于一处。虽然宣武帝曾一度于洛阳四门重建小学，即恢复其父太和二十年的复古之诏，但此后历朝皆将四门学与太学设于一处，北齐、隋、唐皆延续之，这是北魏创制之独

① 《全唐文》，第7889页。按，该文中的“专典学者”也有可能指的是从事教育事业的学官、学生群体，但从学者对甄正文字讹误的要求是一以贯之的。

② 按，通行本《王制》作“虞庠在国之西郊”。然据《周礼正义》所载历代诸家之说，如郑玄等，“西郊”为“四郊”之讹误，《北史·刘芳传》即引作“四郊”。可见，北朝时主要以“四郊”为经文正本，并据此进行制度设计。

③ 房玄龄等《晋书》，中华书局1974年，第2729页。

④ 魏收《魏书》，中华书局1974年，第1222页。

特之处。

“四门”设学之本义，并非只是在四个城门设立学校，而是指城周四面各门皆设有小学。故襄国四门有学校十余所，北朝的四门小学应皆属此制。因为学馆数量多，所以四门学的生徒数量亦较多，北魏学生之员额不详，但北齐已有三百人之设员，估计二者相差不远。隋代四门学学生扩充至三百六十人，视从九品。隋文帝隳学后废止四门学生的视品官待遇，隋炀帝复学时亦未恢复。武德初，高祖诏置四门学生一百三十人，取七品以上子孙教之。高宗龙朔时，恢复到三百人的规模。玄宗开元年间，四门学生员达到一千三百人，其中五百人取官僚子弟，八百人为民间俊士。元和二年（807），复定额为三百人。唐代四门学生的入学标准是勋官三品以上无封、四品有封（侯、伯、子、男）及文武七品以上之子，另有庶人之俊逸者亦招为俊士。唐代的四门学取代了汉以来太学招收民间子弟的功能，以招收下层官僚及庶民子弟为主。这一改革肇自梁武帝，其五馆生皆取寒门俊才，故《隋书·百官志》《唐六典》皆以梁制为其招生来源制度的渊源。

唐初的四门学生来源复杂，并未完全执行以官品入学的规定，生徒中既有前朝官员之后，也有当代下层官僚之子。如杨全，其父杨士贵为隋代谒者台登仕郎，仅正九品，但杨全也能够“四门是辟”①，得入四门学。类似杨全这样的例子还有很多。王弘敏之父王良，隋代为齐王府典签，职入从八品，但王弘敏亦“起家四门学生”②；周孝敏“年□弱冠，补四门学生”，其父周豹为“隋蒲城、渭滨二县令，营东都土工副监”③。贞观年间，四门学生的补授方才逐步依照品官子弟入学的标准执行，从民间子弟中选拔学生的要求也得到了落实。如祁惠，其父祁行隋末隐居丘园，不求闻达。祁惠因“幼挺奇操，翫三坟之典册。长擅异能，包六义之文翰”④，故而在弱冠之岁补四门

① 《全唐文补遗》（第二辑），三秦出版社1995年，第102页。

② 《唐故隆州博士王君墓志并序》，见赵君平、赵文成《秦晋豫新出墓志搜佚》，国家图书馆出版社2011年，第110号。

③ 《全唐文补遗》（第一辑），第478页。

④ 《唐故通直郎行陵州贵平县丞柱国祁府君墓志铭并序》，见赵曈《唐祁惠墓志铭考》，《中原文物》2017年第3期。

学生。

四门俊士是唐代官学制度中的创新。“俊士”出自《礼记·王制》：“命乡论秀士升之司徒曰‘选士’，司徒论选士之秀者而升之学曰‘俊士’。”[①]在儒家制度设计中，俊士是司徒从乡举里选的贡士群体中再次选拔出的优秀者，这些再次选拔出的佼佼者会被安排进入庠序深造。唐代的四门俊士又称“四门俊士生”，《旧唐书·职官志三》：“四门博士掌教文武七品已上及侯伯子男子之为生者，若庶人子为俊士生者，教法如太学。”[②]从名称可知，俊士有别于一般的四门生。四门生是依据父祖之官爵为入学条件，而俊士生则必定要经过某种形式的考试选拔，二者的差别类似于今天的“免试入学”和“保送”。这是唐代官方为乡贡者提供在学生身份的制度安排。

俊士制度在实践中也存在着沿革变化的情况。高宗龙朔二年（662）正月，东都置国子监，设“四门生三百员，四门俊士二百员”[③]。而玄宗天宝十二载（753）七月，又“诏天下举人不得充乡贡，皆补学生。四门俊士停”[④]。可见，四门俊士与乡贡之间似乎存在着某种对应关系。五代陈致雍的《卫匡适男入学议》一文，详细地阐述了唐代后期四门俊士的选拔形式：

> 四门俊士，《礼记·王制》论秀士升之司徒曰选士，司徒论选士之秀者而升之于学曰俊士。及按《周礼》：“司徒地官卿也，其属有乡大夫。”知乡人之贤能德行道艺以宾敬之。三年大比考，与之行乡饮酒礼，升诸司徒，司徒以贤能之书贡于王，即今随贡吏上于尚书，擢于礼部，乃可入官也。其有未登者，入四门为俊士也。司徒地官卿，今户部尚书也。准长寿年敕：“诸府贡举人皆户部引进。”其卫匡适男既无品荫，即合应乡举拔其秀异。或未登礼部试，即入四门学。准皇唐令，皆尚书省补，别载学今（令）条例。

① 阮元《十三经注疏》（清嘉庆刊本），中华书局 2009 年，第 2905 页。
② 《旧唐书》，第 1892 页。
③ 同上书，第 918 页。
④ 同上书，第 921 页。

从该文中可知，唐代后期“乡贡”中“其有未登者，入四门为俊士也”，也就是说，四门俊士是乡贡群体中已通过地方“乡饮酒礼”，宾贡于户部，有资格参加科举考试，但最终未能通过“礼部试”者，由尚书省补录而进入四门学。由此可见，四门俊士来自乡贡群体，而当乡贡停办时，四门俊士自然也就停止录取了。《新唐书·选举志》曾将俊士科列入“岁举之常选”的常科之内①，有学者据此认为四门俊士生的出现就是为了适应俊士科的需要，为配合俊士科，在四门学中进行了四门生和俊士生的分类；②而俊士生指的是四门学中专应俊士科的生徒，俊士科是为“庶人子为俊士生者”所设的贡举科目。③但也有学者认为俊士科并不是以四门学俊士生为取士对象的贡举常科，而是面向庶民的四门学部分学生的入学选拔考试科目。④无论是哪种情况，都说明四门俊士是从民间选拔的优秀人才。他们作为庶人子中的佼佼者，经过了地方官的考察，虽未能通过省试而授官，但经过保送入四门学的学习后，仍可通过监内举送的方式再次参加科举后出仕。

实际上，开元二十一年（733）五月敕对四门俊士的选拔方式说得更为清晰：“开元二十一年五月敕：诸州县学生，年二十五已下，八品、九品子，若庶人生年二十一已下，通一经已上，及未通经、精神通悟、有文词史学者，每年铨量举选，所司简试，听入四门学，充俊士。即诸州人省试不第，

---

① 按，《新唐书》所列入的“俊士科”的依据应为王定保《唐摭言》，“俊士”作为科目仅见于该书所录武德四年敕令及武德五年贡举之相关记录。从《唐摭言》的行文看，所谓的“俊士”实际上只是乡贡群体中的一类，与“明经”“秀才”相同，他们都是从“诸州学士及白丁”中选拔的“明于理体，为乡曲所称者”。他们要经过“本县考试，州长重覆”，每年的十月随物入贡，参加当年的省试。例如武德五年，诸州贡“明经一百四十三人，秀才六人，俊士三十九人，进士三十人”，经过省试后，有“秀才一人，俊士十四人，所试并通，敕放选与理入官”。也就是说，秀才有五人，俊士有二十五人未能通过省试的考察。那么，这些落第的贡士又该如何安置呢？秀才科在贞观年间实际上废置了，而“俊士”则取消了名称，归入明经或进士之中，如果有情愿入四门学者，那么就以“四门俊士生”的身份入学深造。因此，“俊士”一科作为科举常选的时间可能不长，仅存在于隋至唐初，后期则与秀才科一同废置，而作为乡贡不第者的“四门俊士”则通过重新将乡贡佼佼者纳入学校的形式继承了下来。

② 高明士《隋代的教育与贡举》，见中国唐代学会编《唐代研究论集》（第四辑），新文丰出版公司 1992 年，第 205–237 页。

③ 侯力《唐代俊士科考论》，《中国史研究》1999 年第 1 期，第 69–79 页。

④ 刘海峰《唐代俊士科辨析》，《中国史研究》2000 年第 2 期，第 157–167 页。

情愿入学者，听。”[①] 根据这一敕令，唐代前期充四门俊士者实际上有三种来源。诸州县学生中有两种，一是年二十五岁以下的八品、九品子，二是年二十一岁以下的庶人生。第三种则是属于乡贡群体，即“诸州人省试不第者”，这与《卫匡适男入学议》所说的情况相符合。可见，唐代四门俊士的选拔是从唐初一直延续到唐末的，规则并未有多大的变化。此外，诸州县学生还必须满足以下两个条件中的一条，一是“通一经”，二是“未通经、精神通悟、有文词史学者”。这些州县学生还必须经过“所司简试”，才能进入四门学充俊士。而“省试不第”，自愿入学者，则不需要再经过“所司简试”。因为按照《王制》的经义，他们已经是通过乡饮酒礼，宾贡到朝廷的“俊士”了，即他们已经实质上经过了地方州县的考试选拔了。

四门学的学官主要由四门博士、助教组成。北魏置四门博士，员额多达四十人，但官品仅列第九品上，助教甚至无品阶记录，可见孝文帝并未将四门学完全视为与国子学、太学齐等的学校。北齐是提高四门学地位的关键时期，从官品上看，已将国子学、太学、四门学三学视为并立的中央官学。但此时四门博士、助教的员额各为二十人的规模，学官总计四十人，相较于北魏员额可能进行了缩减。隋文帝则对四门学官进行了进一步缩减，博士、助教各五人，但将博士品阶提升为从八品，助教定为从九品，归于国子寺下管理。唐代更是缩减为各三人，并将二者官品提升至正七品上和从八品上。隋、唐对四门学的重视，可能与国家从长期分裂走向一统有较大关系。四门学招收的学生以中下层官僚子弟和庶人子为主，其学官品阶也与国子学、太学保持一定的等差，可以用作士人的解褐起家官。同时，皇权利用四门学广收庶人子的优势，以笼络中下层士子，吸纳民间力量，培养符合中央集权所需的潜在官吏，这是四门学在南北朝后期庶族兴起的背景下得以加速发展的重要原因。

唐代的四门博士、四门助教人数颇多，博士中最有名者当属贺知章、韩愈，助教则以张籍、欧阳詹等人知名。四门博士的简拔、迁转与国子博士、太学博士相似，但由于四门学需要教育大量的中下层官僚、庶民子弟，故其

① 《唐会要》，第 633 页。

学官也常有来自民间的不羁之才，其行止不似端庄儒者，多有跳脱放纵之举。如韦渠牟，初为道士，后为僧，本人又博览经史，兴元年间为韩滉所举，累转四门博士。韦渠牟在德宗生日时讲学，“枝词游说，捷口水注”，此后开始受到德宗的赏识和重用，但史称其“形神佻躁，无士君子器，志向不根道德”①。韦渠牟利用德宗的信任插手选举之事，多有处士、山人经其荐举而至高位者。韦渠牟用人观念的形成可能和他担任四门博士有很大的关系，他愿意接纳与赏识出身于民间的寒素之才。有趣的是，据权德舆《右谏议大夫韦君集序》所载，十一岁的韦渠牟曾赋《铜雀台》绝句，李白“见而大骇，因授以古乐府之学”②，而李白初入京师时，也受到曾任四门博士的贺知章的赏识，李白、贺知章也是以放浪形骸著称当时者。可见唐代部分担任四门博士者，不仅个性跳脱，还喜欢从民间拔擢俊才。除了韦渠牟外，玄宗时另有名“夜光”者，“少为浮屠。至长安，因九仙公主得召见温泉，帝奇其辩，赐冠带，授四门博士，赐绯衣、银鱼、金缯千数，得侍左右如幸臣”③。

当然，四门学官群体中更多的还是宿儒或知名文士。例如，苏德融、赵君赞、朱长才、赵弘智等参与修撰《五经正义》。王元感“撰定仪注”，著有《尚书纠谬》《春秋振滞》《礼记绳愆》等。这些学官都堪称懿行德范的鸿儒。除了宿儒外，文章宗师与诗人大家也能成为四门博士，如贺知章、韩愈。最能知人擢才者莫过于韩愈。个性激烈的韩愈是藩镇幕府出身，经历外任而调四门博士。他以文章宗师获得学子青睐，“成就后进士，往往知名”，经韩愈指点者，皆称“韩门弟子”。他所拔擢的人才如李翱、李汉、孟郊、张籍、贾岛、李贺等，或起自寒微，或赏自贫贱，未尝以家世门第而论高低，引才荐贤皆以公心。皇甫湜《韩文公神道碑》：“官人以艺学浅深为顾侍，品豪曹游益不留。”④亦堪称实录。

唐代四门博士的简选除了宿儒、文人外，一般多从科举正途简拔。如郭

---

① 《旧唐书》，第 3729 页。

② 吕华明、程安庸、刘金平《李太白年谱补正》，中华书局 2012 年，第 471 页。

③ 《新唐书》，第 5811 页。

④ 阎琦《韩昌黎文集注释》，三秦出版社 2004 年，第 579 页。

湜，其祖父为高宗朝宰臣郭待举。郭湜为开元十二年（724）进士，及第后补山阴尉，调太子典膳丞后出任四门博士，后出任河东郡仓曹参军，有可能是因为担任过四门博士的缘故，“太守苗公晋卿、韦公陟善待之，俾司贡士之选”[①]，苗晋卿、韦陟善专门让他负责河东郡的贡举事务。另，韩愈从侄婿周况，也是进士出身的四门博士：“况，进士，家世儒者。”[②]晚唐刘干，“以五经登科，起家华州参军，选授金吾录事。相国周墀，钦风仰止，表其尤异，帝用嘉焉。恩除四门博士，茹今涵古，以磨诸生”[③]。另如家世儒学者，亦有可能出任此职。如曾任国子祭酒的孔戣，其长子孔温质亦曾为四门博士。

唐代的四门助教品阶虽低，但亦是清官之一，因此出任四门助教者，亦多学问厚殖、誉高当代之士。如归崇敬及其子归登，都曾出任过四门助教一职。柳宗元作有《四门助教厅壁记》一文，在他的描述中，唐代的四门学官“员位弥简，其官尤难，非儒之通者不列也”[④]。四门助教除了教授经业外，还要负责“鼓箧榎楚之政令”，即在生徒入学行束脩礼时，发箧出经，示以学业；还要掌握戒尺等刑具，对犯礼者施以惩戒。此外，助教要在生徒中选拔“通经力学者”，升于礼部“听简试”。因为掌握着生徒进退擢斥的权力，所以助教“必酌于中道”，而其人选“非博雅庄敬之流，固不得临于是”。柳宗元特别指出，贺知章、归崇敬皆由四门助教而至博士、拾遗等清望朝官，所以四门助教“必以名实者居于其位”[⑤]。借助柳氏之笔，我们可以窥见唐代中后期四门助教的整体性面貌，以及唐人对四门学官的普遍期待。

四、国子监中的特殊类型：大成

唐代的中央官学中还有一种特殊的类型，称为国子监“大成”。“大成”

① 《全唐文补遗·千唐志斋新藏专辑》，第271页。
② 《韩昌黎文集注释》，第316页。
③ 《唐故太子司议郎刘府君墓志铭并序》，见赵君平、赵文成《河洛墓刻拾零》，北京图书馆出版社2007年，第449号。
④ 尹占华、韩文奇《柳宗元集校注》，中华书局2013年，第1718页。
⑤ 同上。

一词源自《礼记·学记》，即“九年知类通达，强立而不反，谓之大成”①。它既是唐代官制中的一种特殊职守，《旧唐书·职官志》将其列于四门学之后，《唐六典》将其列于国子直讲之后，可见它是一种较为特殊的学官；同时它也是国子监中的一种特殊教育形式，有学者将其概括为唐代的研究生教育模式。②而《新唐书·选举志》还将其列在贡举条目之中，说明它还具有科举的特征。可以说，国子监“大成”是唐人所开创的，涵盖了科举制度、教育制度以及职官制度的一种特殊形式。

根据《唐六典》所载，大成员额共二十人③，入选大成的条件必须是“取贡举及第人聪明灼然者”，经过考试“然后补充，各授官，依色令于学内习业”④，可知其身份介于生徒和学官之间，更类似于今天的研究生和博士后的结合。大成设置的时间不晚于龙朔二年（662）。《新唐书·百官志》：“龙朔二年，改博士曰宣业。有大成十人，学生八十人……”⑤可见高宗朝时大成就已出现。另《新唐书·选举志》补充了一个新的时间：“上元二年，加试贡士《老子》策，明经二条，进士三条。国子监置大成二十人，取已及第而聪明者为之。”⑥此外，在录取标准上，大成也存在着越来越偏向经学的倾向。开元二十四年（736）前，不限科目皆可应选；二十四年后，特意规定“取明经及第人”⑦。除此之外，官方并不限制应举者的身份，无论是官学的学生，抑或乡贡举人，只要是科举及第者，都可以参加大成的选拔。当然，大成的选拔也存在着某些特例，可由大臣向皇帝荐举赐官。如尹愔，他“除丧，不仕。左右史张说、尹元凯荐为国子大成，每释奠，讲辨三教，听者皆得所未

① 孙希旦《礼记集解》，中华书局1989年，第959页。

② 按，如王勋成的《唐代铨选与文学》（中华书局2001年）即将大成的性质概括为相当于研究生，此外张东光的《关于中国研究生教育的起源问题——兼谈唐代国子监的大成》（《学位与研究生教育》2006年第6期）也将其概括为“古代最接近研究生教育的教育模式”。

③ 按，开元二十年后，大成人数由二十员减为十员。

④《唐六典》，第46页。

⑤《新唐书》，第1266页。

⑥ 同上书，第1163页。

⑦《唐六典》，第110页。

闻”①。尹愔为四门助教尹思贞之子，曾受学于国子博士王道珪。他应该曾是具有官学身份的生徒，但史无其及第的记录。并且尹愔早年即出家为肃明观道士，玄宗朝以道士身份被征召为谏议大夫、集贤学士、知史馆事。尹元凯因修撰《三教珠英》而升任左史大约在长安二年（702），张说亦因修撰《三教珠英》之功升任右史内供奉。由此推测，他们推荐尹愔为国子大成也应在长安二年前后。此时距离上元二年（761）“取已及第而聪明者为之”的规定已二十余年，可能只是一种临时的特殊举荐。并且，从孙逖所撰授官制书看，尹愔是一位“达于儒墨”的学者，更不用说他还是国子学生出身，这或许是他能够成为特例的原因。

值得注意的是，国子监大成大约在长安三、四年时还被短暂地废止过，《通典》：“大成二十人，大唐置，取贡举及第人，简聪明者，试书日诵得一千言，并日试策所习业等十条通七，然后补充，仍散官，禄俸赐会同直官例给。武太后长安中，省，而置直讲，定为四员。”②因尹愔于长安二年前后被荐为国子大成，则通典所云“长安中”应大约为长安三、四年。从武则天废置的原因看，“大成”在功能上与“直讲”有相似之处，都是负责在国子监中进行经学教育的官员，只不过武则天不重学校，认为四员国子直讲已经可以取代二十人的大成。大成的恢复应与神龙政变后的官制重建有关，最晚应不晚于神龙二年（706）。

大成的入选考试要求是“日诵千言”、口试、策试所习经业“十条通七”，可谓十分严格。此外，大成不同于一般的贡举及第人之处，还在于他们在入选之后就可授官（散官），有了品阶后就能享受直官的俸禄、赐会，并且俸禄、赐会“准非伎术直例给”，相当于国子监内的高级研究人员，地位高于一般的伎术直。因此对他们的要求相对而言也更多，他们不仅要兼顾个人学业，还要负责为监内生徒进行讲授。如李元轨，二十四岁补国子生，“以龙朔二年二月十二日射策高第，拜国子监大成”③，不久就征为北门学士，

① 《新唐书》，第 5703 页。

② 《通典》，第 768 页。

③ 周绍良、赵超《唐代墓志汇编》，上海古籍出版社 1992 年，第 690 页。

教羽林军飞骑。北门学士无品级，是一种临时差遣，类似于直官，故李元轨能以大成的身份得授北门学士。李元轨担任大成时的主要任务就是教授附学国子监的军士读书。另如尹守贞，“垂拱四年，以明经高第，遂授大成”①，他参加了长安元年的科举阅卷工作，“考功是岁千五百余人，召先生课覈淑慝”②，获得了考官与考生的一致好评。武则天特意下制擢为四门助教。从尹守贞的经历看，大成不仅要参与监内的教学辅导，还要临时抽调参加科举的评阅。由于大成已经是唐代经学教育所能达到的最高境界，故大成的未来仕途也比一般的士子要顺利，除了直接在监内任学官外，还可以加阶放选外任，如徐恽，“弱冠明经，拜国子大成进经，授宁陵丞”③，后拜御史中丞，迁东平、吴兴太守；丘升，“弱冠，乡贡明经擢第，补国子监，大成进经登科，换陈仓主簿，调左领军卫兵曹参军，迁清苑令”④。

大成的毕业考核标准是“通四经为限”，也就是比一般的明经（通二经）至少要多一倍，多通不限。业成者，再参加吏部的铨试。考试内容是口试、策试《孝经》《论语》共八条，其余的经书各试八条，每间隔一天考试一次。通过标准是灼然明练精熟为通，口试十条通九，策试十条通七。开元二十四年（736）前，吏部试中若能够加试经文，如《礼记》《左传》（以上大经），《毛诗》《周礼》（以上中经）者，各加二阶，其余经书加一阶。吏部试及第者，可在授官过程中得到优待。开元二十四年科举制度改革后，只要通过吏部试者，皆加一阶放选。如开休元，大成业成后曾历任幕府官，最后入为国子助教、博士、司业。大成的毕业年限为九年，每三年进行一次简选，九年习业不成者，“解退，依常选例”⑤。并且，修大成业者，在完成考核标准或九年期限满前，“不得别选及充余使”，即不得提前参与铨选任官或获得临时使职差遣。总体上看，国子监大成是唐代实行的一种非常特殊的教育类型，兼具了官员、生徒、贡举人三重身份。

---

① 《张说集校注》，第 1081 页。

② 同上。

③ 赵文成、赵君平《新出唐墓志百种》，西泠印社出版社 2010 年，第 188 页。

④ 《全唐文补遗 · 千唐志斋新藏专辑》，第 240 页。

⑤ 《唐六典》，第 110 页。

第三章　国子六学的建制与运转：书学、算学与律学

书学、算学、律学三科有自己独立的学馆，但时有兴废，其管辖权亦屡次调整。这三所学校有别于国子、太学、四门学，不以经、史教育为主，而是将专业教育作为主业，但三者又与儒家知识体系有着密切的联系。

一、书学的兴起及制度沿革

从书学发展历史看，儒家教育中的“六艺”即有“书”，书法是士大夫幼年阶段必须接受的训练之一。“书学”之称早就见于史籍，《后汉书·邓骘传》：“耿氏教之书学，遂以通博称。”[①] 但这时的“书学”还只是指传授书艺的学问，而非指专门教授此学的学校。汉魏以来，书学多为士族之家学所传，至东汉灵帝光和元年（178）开设鸿都门学，始有专门教授书画之学的专科学校，但鸿都门学旋即废弃，并未形成持续性的学校制度。三国时期，孙权令是仪“教诸公子书学”[②]，始见兼职教授者之名。是仪的正式职责是“省尚书事，外总平诸官，兼领辞讼”，教授孙权子弟书法，应是临时任命，还不能算作是专职的书学教师。西晋时，开始出现“书博士”之职，

① 范晔《后汉书》，中华书局 1965 年，第 618 页。

② 陈寿《三国志》，中华书局 1982 年，第 1412 页。

《晋书・荀勖传》载晋武帝于秘书监“立书博士，置弟子教习，以钟、胡为法”[①]。南朝皇室延续晋代旧制，在宫内设有专事书学教育的博士职位，皇子多在幼年时即接受书学教育，但这种书学教育仅限于宫廷内部，且仅以宦官、女官兼领，而不设正式的官职。刘宋后废帝刘昱，五六岁时于东宫就书学。齐武帝任女官韩蔺英为博士，教六宫书学。北朝自孝文帝迁洛后，有意仿效南朝之制，亦于宫内设书学之教，内官王质“颇解书学”[②]，但废太子拓跋恂就“不好书学”[③]；李彪之女，受书学于其父，入为宣武帝婕妤，在宫常教帝妹书。

正式设立书学并广教胄子的最早记录见于北周。《周书・艺术传》：“太祖受命之始，属天下分崩，于时戎马交驰，而学术之士盖寡，故曲艺末技，咸见引纳。”[④] 书法虽属小道，但北周贵族颇为喜爱此艺，战乱时亦不忘收罗相关人才。冀儁，善隶书，特工摹写，教北周世宗及宋献公等隶书，据其本传所载：“时俗入书学者，亦行束脩之礼。”[⑤] 可知北周已设有书学之馆，有正式的师生关系。彼时书学是专门教授贵戚胄子的学问，其学官称为书学博士，窦臮《述书赋》云：“赵文深，天水人。后周为书学博士，书迹为时所重。”[⑥] 隋承周制，在国子寺下设有书学，学官为博士、助教各二人，学生四十人。隋文帝仁寿元年（601）减省学校后，书学的教育遭到废止，炀帝重建学校后也未得到恢复。

唐代的书学教育承继隋代，但亦经历过废止和管辖权变更的情况，上级管理机构在国子监与秘书省间交替。武德元年（618），高祖诏皇族子孙及功臣子弟，于秘书省别立小学，教授书法，而国子监不设书学。《新唐书・百官志》中有“武德初，废书学，贞观二年复置”[⑦] 的说法。另据《通典》《唐会

① 《晋书》，第 1154 页。
② 《魏书》，第 2025 页。
③ 同上书，第 588 页。
④ 令狐德棻等《周书》，中华书局 1971 年，第 837 页。
⑤ 同上书，第 838 页。
⑥ 《全唐文》，第 4570 页。
⑦ 《新唐书》，第 1268 页。

要》载，贞观五年（631），太宗数幸国学，增筑学舍一千二百间，除了增加国子学、太学、四门学的生徒员额外，又重设书学于国子监下。金滢坤认为贞观五年的说法更为可信。[①]太宗的这一举措与其大阐文教的理想有关，但此后书学又经历了一次停废和隶属变化的情况。显庆三年（658），高宗下诏称“书、算学业明经，事唯小道，各擅专门，有乖故实，并令省废”[②]，并将博士以下的管理权再度移交秘书省。龙朔二年（662），书学与律学同复，由国子监统一管理。龙朔三年（663），又将书学隶于兰台（秘书省）之下。此后，书学再次复归于国子监之下。

之所以会产生这种现象，与唐人对书法的认识有关。唐人对于书法有两种看法，一是将其视为艺术类的技艺之学，正如高宗诏书所言“事唯小道”。高宗对书学的认识可能受到高祖、太宗的影响。李渊曾跟随王褒学习书法，窦蒙《述书赋注》云：“高祖师王褒得妙，故有梁朝风格焉。”[③]太宗本人非常热爱书法，他在听政闲暇之余，常观赏王羲之的书法作品以为消遣。虽然他承认书法能够作为一种专门的艺业供人学习，认为“凡诸艺业，未有学而不得者也”，但他也坦陈：“书学小道，初非急务。”[④]太宗对贵戚子弟书画教育的重视只是从涵养气度的角度出发，这说明当时社会上普遍将书法视为一种无关治道的艺术技能。二是从小学的角度出发理解书学的价值与意义。《唐六典》“书学博士”条目下引“仓颉作书”与“六书”之说，并将《汉书·食货志》“八岁入小学，学六甲、五方、书计之事”的学习之法视为书学的制度远源。在此观念中，书学实际上就是先秦时期的“小学”，学习的主要内容就是古代的“六书”之学，它是经学的重要组成部分。张参《五经文字序例》云：“今制，国子监置书学博士，立《说文》《石经》《字林》之学，举其文义，岁登下之，亦古之小学也。”[⑤]这段描述已经深刻阐明了唐代书学教育的根本目标。

① 金滢坤《唐代明书科与书学教育》，《辽宁大学学报（哲学社会科学版）》2016 年第 2 期。
② 《唐会要》，第 1163 页。
③ 《全唐文》，第 4571 页。
④ 《唐会要》，第 646 页。
⑤ 《全唐文》，第 4677 页。

如果将书法视为经仿效而自由创作的技艺之学，那么太宗、高宗将其设置于秘书监之下便有了充分的理由。由于隋唐两代的秘书监收藏了大量的前代法书、图画珍本，将书学设于其下可以方便生徒随时查阅。可资例证的是，贞观元年（627）太宗就在弘文馆招收“京官文武职事五品已上子有性爱学书及有书性者，听于馆内学书，其法书内出”[①]，当年即招收了二十四名生徒，由虞世南、欧阳询教示楷法，其教材则是皇室私藏的各种书法遗珍，甚至还有太宗本人的书法创作。这与李渊于秘书省设小学，教授功臣子弟书法的做法如出一辙，是从艺术教育角度出发的精英化的书法教育。如果将书法视为小学的延伸，那么修习书学实际上就是士子们传承经学的必要基础，它就是国子监经学教育体系中的有机组成部分。从唐代书学生徒的教材来看，其所学者为《说文》《三体石经》《字林》，反而恰恰不是各类书法真迹。他们实际上是在学习如何辨析经书中的各类字体，从文字的形成和字义的角度去理解儒家经义。书学生徒不仅需要掌握各种书写知识、技巧，更需要掌握篆书、刻符、虫书、摹印、隶书的释读之能。换言之，书学是能够培养出能够校阅、抄改典籍的文献学、文字学人才的渊薮。在这种观念下，书学就是属于国家经学教育体系中的重要一环，自然是应该归属于国子监之下的。

这种观念认识上的冲突，导致唐代前期书学的归属经常在秘书省和国子监下来回迁移。而随着唐代皇帝对书学的认识从“游艺”回归“小学”，书学正式成为经学的基础学科，因此自龙朔三年（663）后，书学方才在国子监体系里稳定下来，不再更换主管机构。它的教育方针与教育方式，也从唐初的单纯的书艺赏鉴、书法传习演变为对古今各类字体、字形的考辨与校正。这也是为何唐代的知名书法家中鲜有出身国子监书学的主要原因。另一方面，唐代书法之盛行使得书家众多，不少士人得自家传，在吏部铨选考察“身言书判”的背景下，唐代士人基本上皆精通楷法，这使得书学教育可以不专门依赖于学校制度加以传授。唐人的书学教育此后更多地由弘文馆学士或翰林院中的书画待诏、侍书学士承担，知名书法家多被招入宫廷担任侍书

① 《唐六典》，第 255 页。

学士，诸如褚遂良、柳公权等皆曾担任此职。可见，唐代与艺术修养相关的书学教育，成为一种皇室子弟在日常培养过程中必须接受的学问。

书学的生徒同样由尚书省补录，其入选标准为文武八品以下及庶人之子，品级较四门学生徒更低。龙朔二年（662）时，书学仅有学生十人，东都学生仅三人。开元时，学生员额增至三十人；安史之乱后，书学学生定额也受到减省。元和以后又恢复到龙朔旧制，两京共十三人，仍为西京十人，东都三人。书学生徒的入学标准没有特别要求，只要求“以习文字者为之”①，年龄在14至19岁之间②。书学学生入学时，同样要行束脩之礼，纳绢一匹及酒脯若干，可见唐代书学生的地位与州县学生地位相仿。他们参加朝廷典礼时，与州县学生一样皆服黑介帻、白群襦、青领。

书学生的修业年限为六年，根据教材的不同各有年限，其中《三体石经》限三年、《说文》二年、《字林》一年。日常学习时，除了《国语》《说文》《字林》《三苍》《尔雅》等教材外，还必须修习《孝经》《论语》。此外，书学生还要兼修其他的字书，如《颜氏字样》《群书新定字样》《干禄字书》《五经文字》《九经字样》等。书学生的日常学习生活是“日纸一幅，间习时务策”③，即每天练字一幅，并且明确规定要习作“时务策”。

书学出身的生徒参加考试后方可授官，其监内修习以《三体石经》《说文》《字林》为专业，最难者《三体石经》三年为通限。书学生监内合格后，方可参加明书科考试。④开元二十五年（737）前，明书科亦要经过三场试：第一场考核帖经，其中《说文》考核六帖，《字林》考核四帖；第二场考核口试，口试“不限条数，疑则问之”⑤；两场皆通过后，第三场再考试策文。

① 《通典》，第1468页。

② 《新唐书》，第1160页。

③ 同上书，第1160页。

④ 按，唐代前期，书学在国子监内的考核与明书科的考核方法大致相似，甚至更为严格。《唐六典》云“（书学生）其束脩之礼，督课、试举，如三馆博士之法”，即与国子、太学、四门学三者相同。《唐六典》记载其监内考试方法与礼部考功相同，“其试法皆依考功，又加以口试”，并且帖经数量要远远超过明书科的六条，“明书皆通九已上”。而且书学生徒要学习《三体石经》，但明书科只帖《说文》《字林》，可能是考虑到民间乡贡获取《三体石经》不易。

⑤ 孟二冬《登科记考补正》，中华书局2019年，第1298页。

同时，对书学生帖经的数量有具体要求。永隆二年（681）后，十帖通六及以上者方可进入口试。[①] 唐代中后期改为两场试，考试顺序有所调整：先进行口试，口试通过后，墨义《说文》《字林》二十条，通十八及第，不再考试策论。[②]

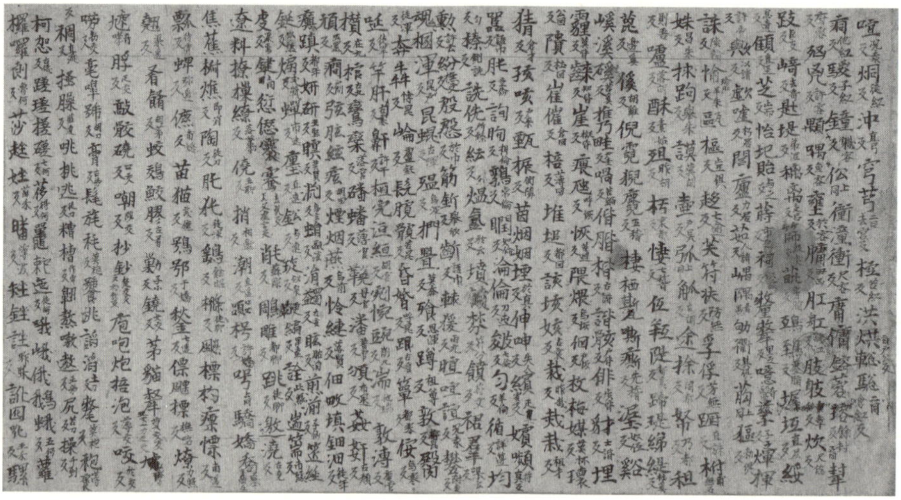

敦煌文书 P.2758《字书》[③]

根据《新唐书 · 选举志下》所载，书学出身的生徒“从九品下叙”，即他们及第后的授官品阶为从九品下，是官品中的最低一级。值得注意的是，书学出身者甚少见于史传，现有出土墓志中也尚未发现相关记载。此外，明书科虽然是常贡科目之一，但现有史料中也几乎见不到明书及第的记录。这都说明书学生的仕途较为艰辛，不仅出路狭窄，甚至无法直接以从九品下的职官释褐。由于书学生徒的数量本来就比较少，他们及第后可能大部分都进入了流外官体系。唐代的流外官主要负责文书抄录、计算、行政事务等工作，“凡择流外职有三：一曰书，二曰计，三曰事务。其工书、工计者，虽

① 《条流明经进士诏》，见宋敏求《唐大诏令集》，中华书局 2008 年，第 549 页。
② 《新唐书》，第 1162 页。
③ 本书使用图版均来自国际敦煌项目（International Dunhuang Project，IDP）。

时务非长，亦叙限”[①]，流外官虽然社会地位较低，但只要进入吏部、兵部、考功、都省、御史台、中书、门下等“前行要望”七司，还是可以在考满之后，获得职事官或者散官之任的。此外，唐代的中央机构中设有大量的“书手”“御书手”“楷书手”之职，这些流外官很有可能就是由书学生徒登第后担任的。

唐代的书学设博士二人、助教一人，博士为从九品下，助教品阶不详，另有典学二人。唐代书学学官主要仿效隋代后期制度，但减去了一名助教，复增博士为两人。然而，目前所见书学博士的材料较少，可考的唐代国子监书学博士仅有王南金、罗造两人。王南金曾于天宝二年（743）前担任此职，《全唐文补编》收录有其所作《释迦牟尼佛画赞并序》，仅粗略知晓其曾任此职，但仕宦经历不详。罗造是贞元时期的进士，后进入国子监任“书馆博士”（即书学博士）[②]。由于唐代书学博士的位次不显，故而史书上很少有书学博士的记录流传，以至于无法得知唐代书学博士的简选方式，只能从隋代王孝逸的经历中略窥一二。王孝逸曾为书学博士，他颇受苏威赏识，应于苏威兼领国子祭酒时被招入国子学任博士，后被其辟为“府参军”[③]。可见，隋唐时期的书学博士有可能是通过达官举荐的方式获得任命的。

二、算学的沿革与唐人改制

唐代的算学与书学一样，都是从六艺中发展而来的专科学校。《唐六典》引用《周礼》云：“保氏教以六艺，其六曰‘九数’。”[④]可见唐人认为数学是先秦小学中传授的一种基础知识。所谓的“九数”实际上就是“九畴”，即

---

① 《唐六典》，第36页。

② 按，罗造生平不详，其任职见于《唐前黔中观察推官试太常寺协律郎卢载妻郑氏墓志铭并序》一文题名“文林郎行国子监书馆博士罗造书并篆盖”，墓志录文见《全唐文补遗·千唐志斋新藏专辑》，第308页。

③ 按，此王孝逸为“荡阴人”（汤阴人），与“陈留八俊”之一的王孝逸并非一人，后者为隋末大儒王通之徒，窦德明之师。他曾任秘书学士、齐王文学等，与刘炫等友善，以儒学著名。

④ 《唐六典》，第562页。

《九章算术》中概括的九种数学问题，包含了“方田”（几何图形问题）、“粟米”（容积折算问题）等。《唐六典》在“算学博士”条注中指出，算学虽是小学之属，但多由太史执掌，“小学是则，职在太史，羲和掌之”[①]。魏晋之后的算学更是直接受史官领导，“魏、晋以来，多在史官，不列于国学”[②]。目前的史料中，尚未发现魏晋时期于太史下设置算学的记录。最早的记载出现在北魏时期，太武帝曾设置算生博士，方士殷绍曾担任过这一职守。另据《魏书·氏官志》载，北魏另有“尚书算生”“诸寺算生”之职，分别为从第八品中、从第八品下。这说明北魏早期的“算生”并非纯粹的学校生徒，还兼有尚书台和诸寺中低层官僚的身份。孝文帝迁洛后，重整国庠，算学逐渐成为正规的专科学校，各学之间的生徒方可互转。如崔光的弟子范绍，“太和初，充太学生，转算生，颇涉经史”[③]。北魏早期官员不充，需要将学校生徒列为后备官员，故此时的“算生”还是具有品级的官员。

隋代时，书学正式归于国子寺之下。隋文帝仁寿元年（601）罢黜国学，算学亦应在废除之列。唐代的算学同样几经废立，其管辖权在国子监和秘书省下的太史局之间调转。算学因与天文、历法关系密切，而太史局则是专门执掌“天时、星历、祥瑞、妖灾”的部门，《唐六典》引《汉书·律历志》“羲和掌之”说陈述其制度渊源。唐承隋制，重设算学，但武德初年的算学可能直接设于太史局下，而非归于国子监。据《唐会要》所载：“武德三年，太史奏，正月望，及二月、八月朔当蚀，比不效。其后，中书令封德彝奏言历，诏吏部郎中祖孝孙，考其得失。孝孙使算学博士王孝通，以《甲辰历》法，驳仁均所缪。”[④]当太史发现历法与天象不合时，是由祖孝孙统率“算学博士”进行考订。《新唐书》将祖孝孙考《甲辰历》得失之事定于武德六年（623），并称王孝通为“算历博士”，可知武德年间，算学确已设置，但此时算学是由太史局管理。另据《唐会要》“广文馆”条：“书、算学：贞观二年

---

① 《唐六典》，第 562 页。

② 同上。

③ 《魏书》，第 1755 页。

④ 《唐会要》，第 750 页。

十二月二十一日置，隶国子学。”[①] 可知太宗广筑学舍的同年，将算学从太史局改隶于国子监之下。从“置学”的用词看，武德年间算学也曾遭到废止。此外，根据《新唐书·百官三》的记录，算学重置后不久就再次遭到废止，直到显庆元年（656）十二月复置于国子监。

显庆三年（658），唐高宗又废算学，再次“以博士以下隶太史局”[②]；龙朔二年（662）复学，龙朔三年（663）算学隶于秘阁局[③]。算学何时复隶于国子监之下，史无明文。但中宗复位后，曾令“三卫番下日，愿入学者，听附国子学、太学及律馆习业”[④]，此时律学应已复归于国子监之下。据此推断，大约在神龙年间前后，书、算、律学统一复隶于国子监。

算学之所以会遇到与书学同样的遭际，除了与唐代算学生徒的出路、算学自身发展有着密切的关系外，还与算学本身的特性有关。从算学的历史渊源看，它自汉魏以来多指演算历法、推演吉凶的专门之学。《北史·殷绍传》载殷绍著有《四序堪舆》一书，这部著作是他研习《九章》及祥瑞、灾异之学的心得，其中就包含着“阴阳配合之原”“解四时气王，休杀吉凶”“日月辰宿”等内容。算学多涉及灾异与天象计算，这在封建时代属于国家最高机密，不可轻易示人，因此多由秘书省太史局负责记录并收藏。若以此观之，算学隶于太史局之下应属正常。但随着社会的发展，国家对算学人才的需求不仅限于天象计算一途。若还是只将算学生用于记录机密事宜的太史局，则无法应对官方机构对数学人才的庞大需求，中央与地方的各级行政机构迫切需要懂得计算的专业人才，以服务于日常行政所需。故而唐代的太史局针对这一情况，进行了特殊的设置，在其内部开设了涉及天文历法知识的职业学校。如历法方面，设有司历二人，历生三十六人；观测天文，计算星辰位置，设有天文观生九十人，天文生六十人；而九名漏刻博士则负责教导三百

① 《唐会要》，第 1163 页。

② 《新唐书》，第 1268 页。

③ 按，即太史局。龙朔二年，太史局改称秘阁局；咸亨元年复旧称；久视元年改称“浑天（仪）监”，不再隶属于秘书省；长安二年复为太史局，还隶秘书省；景龙二年，改称“太史监”，不隶属秘书省；开元十四年，又改回太史局之名，隶秘书省之下。

④ 《新唐书》，第 1164 页。

六十名漏刻生，以及典钟、典鼓等专掌报时的官僚。而从国子监对算学生的培养看，唐代算学的教材主要是《九章算术》《海岛算经》《孙子算经》《五曹算经》《张丘建算经》《夏侯阳算经》《周髀算经》《缀术》《五经算术》《缉古算经》十部算经，涉及的知识包含数字认读、乘法口诀、度量换算，以及常见的人口统计、田亩面积计算、军需粮草计算等。换言之，算学生徒所掌握的数学知识主要是为解决现实问题，培养出的算学生既可以依旧用于天文历法演算，也可以广泛用于日常行政中水利工程测量、平准输送测算、税务征收统计、地图方舆观测等。故而，在经历了数次管理权变更后，算学逐步与占侯之学脱离，最终成为国家教育体系中的一环，纳入国子监管理。

算学的生徒数量与书学相似，隋代有学生八十人，唐代早期减为三十人。龙朔二年（662）复学后，进一步缩减为西京学生十人，东都学生二人。生徒的选择标准是“以八品以下子及庶人之通其学者”①。龙朔二年前，生徒二分其经以为业，习《九章算术》《海岛算经》《孙子算经》《五曹算经》《张丘建算经》《夏侯阳算经》《周髀算经》者共十五人，以《缀术》《缉古算经》为专业者十五人，同时二专业生徒还要兼习《记遗》《三等数》等。在学习年限上，《孙子算经》《五曹算经》共限一年，《九章算术》《海岛算经》共三年，《张丘建算经》《夏侯阳算经》各一年，《周髀算经》《五经算术》共一年，《缀术》四年，《缉古算经》三年。清代梅文鼎作有《〈中西算学通〉自序》，其文称：“唐有算学博士，以十经为学，期五年而学成。”②未详其据。若其所言无误，则唐代算生在学时间为五年③，要长于国子、太学、四门学等三馆生徒。算学生的入学简拔由“尚书省补”，束脩为绢一匹，及酒脯若干。算学生的地位与书学生、州县学生相同。

---

① 《新唐书》，第1160页。

② 梅文鼎《绩学堂诗文钞》，黄山书社1995年，第52页。

③ 金滢坤认为唐代算生的修业年限最长为七年，即将修习《缀术》《缉古算经》所需的四年、三年叠加，或是将《孙子算经》《五曹算经》《九章算术》《海岛算经》等八经修习时间相加，二者皆是七年。但实际上所谓的修习年限只是指修习单一经书的时限，并不可能算学生在三年或四年时间里只学习一部算经。相关论述见金滢坤《唐五代明算科与算学教育》，《中国考试》2016年第6期。

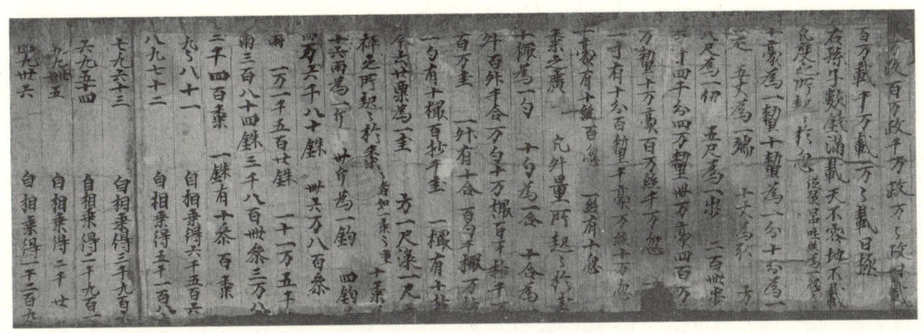

敦煌文书 P.3349《算经》

算学生徒的考核形式与其他各学既相似，又有所不同。可能是因为学习的内容过于零散，知识点较多，所以在科举考试时主要以帖问的方式为主，“录大义本条为问答，明数造术，详明数理，然后为通”[①]，也就是说，考生在考试过程中不仅要给出正确答案，还要详答出解算过程。唐代的明算科具体设置时间不详，但作为常科一直延续到唐末，直到五代时方才废止。在考试方法上，以《九章算术》等为专业的生徒，“试《九章》三条、《海岛》《孙子》《五曹》《张丘建》《夏侯阳》《周髀》《五经算》各一条，十通六”[②]，此外《记遗》《三等数》除了帖试外，还要加以口试，“读令精熟”[③]，十条通九，方可及第；以《缀术》等为专业者，试《缀术》六条，《缉古算经》四条[④]，十条通六，且“无注者合数造术，不失义理，然后为通”[⑤]。同时也要考察《记遗》《三等数》的帖经和口试，同样是十条通九，方能及第。如果帖经时“落经”[⑥]，即便六条合格，也不能及第。

算生的地位较低，在唐人心中甚至等同于天文观生，属伎术之流。李子珣《对观生束脩判》曰：“观生算生，固宜齐例。……俾从伎术之例。”[⑦]所以

① 《新唐书》，第 1162 页。
② 《登科记考补正》，第 1267 页。
③ 《唐六典》，第 45 页。
④ 按，据《唐六典》，后改为《缀术》七帖，《缉古算经》三帖。
⑤ 《新唐书》，第 1162 页。
⑥ 同上。
⑦ 《全唐文》，第 4153 页。

现有史籍记录中很难见到算生出身者的相关记录，墓志等出土文献中也基本没有明算科的记载。唐代的数学虽然发达，但以算学为业者却生计艰难，明算科地位低下，从这条道路入仕的生徒数量极少。德宗时李观应科举，曾以《请修太学书》行卷，此文称："在昔学有六馆，居类其业，生有三千，盛侔于古。近年祸难，寖用耗息。……具六馆之目，其曰国子、太学、四门、书、律、算等。今存者三，亡者三。亡者职由厥司，存者恐不逮修。"[①]根据实际情况推测，文中所指"存者三"应是国子、太学、四门三馆，而"亡者三"当指书、算、律三馆。虽然行卷之文，常有夸大之嫌疑，但安史之乱后，书、算、律三学名存实亡的情况应属实情。元和二年（807），宪宗重定算学生徒员额，东西两监合计十二人，这应是保证算学存续的最低限额。此外，科举考试中也并未废止"明算科"，宣宗时仍有明算科的记录，这说明虽然数量极少，但仍有生徒、乡贡者愿意参加该科选拔。但大中十年（856），中书门下奏请称"明算"与"开元礼、三礼、三传、三史、学究、道举、童子"等九科，"近年取人颇滥，曾无实艺可采"，因此请求"起大中十年，权停三年"[②]。可见，唐代后期算学人才的凋敝已到了岌岌可危的程度，甚至连国子监培养的算学生都不能满足明算科的考试要求。

算学的学官有算学博士、算学助教。隋代的算学博士、助教各两人，博士为从九品，助教品阶不明。唐代设算学博士二人，品阶为从九品下；助教一人，品阶不详。算学内另有典学二人，属流外官。根据宋代姚舜辅除授算学博士的告词"历数之设，推天地之纪"[③]，可知唐宋时期的算学博士除了教授生徒外，还要参与制定历法，这是前代就已形成的惯例。如隋文帝受禅后，议造新历，参与者就有算学博士张乾叙。由于算学曾长期归属在太史局之下，所以算学博士经常作为太史监的助手出现，如显庆元年（656）前后，太史监王思辩表称《五曹算经》《孙子算经》十部算经理多舛驳，李淳风与国子监算学博士梁述、太学助教王真儒等受诏校注。书成后，高宗令国学行

① 《全唐文》，第 5402–5403 页。

② 《旧唐书》，第 634 页。

③ 曾枣庄、刘琳主编《全宋文》（第一百四十九册），上海辞书出版社 2006 年，第 53 页。

用。参与这次教材修订的共有两位算学博士，除了梁述外，另有刘孝孙撰定细草，即“乘除法实之详悉”①。元和时，算学博士梁公颋曾为池州长史朱泳书丹墓志，可见其还兼具书法之能。总体而言，唐代算学博士的记录较少，其职能类似技艺官，故不为一般士人所喜。

三、律学制度及其与明法科之关系

从律学发展的渊源看，秦以律法治国，欲修习律法者需“以吏为师”，相关记录可见于睡虎地秦简，彼时已初具律学教育形态。秦代制度对西汉影响巨大，汉宣帝以“外儒内法”为汉家之法，汉吏修习律法是一种普遍的做法，甚至有不少世家以习律为家学，如杜周、杜延年父子所传大、小杜律。东汉时，明法已经成为“孝廉四科”之一，并严格遵循“吏道以法令为师”的理念。明经与明法虽同为取士之标准，但随着儒学占据思想层面的统治地位，法吏的培养与出路已无法与经生相比。东汉末年，天下大乱，重建秩序成为统治者需要解决的重要问题。国家层面的律学教育始于曹魏，曹氏父子重视刑名之学，设置了律博士之职。魏明帝时，卫凯奏曰：“刑法者，国家之所贵重，而私议之所轻贱；狱吏者，百姓之所悬命，而选用者之所卑下。王政之弊，未必不由此也。请置律博士，转相教授。”②可见当时善言刑法者，颇为“私议”所轻贱，即决定士人前途的月旦评，耻于荐举博通刑名之学者，故必须设立专事律学教育的博士，以防止相关人才断档。但“转相教授”者具体指向学生，还是在任官吏，则史书无载。此后，两晋南北朝皆延续曹魏之法，在廷尉之下设置律博士。《晋书·职官志》：“廷尉，主刑法狱讼，属官有正、监、评，并有律博士员。”③其目的是在法律实务部门内部实现律学教育功能。律学的情况与书学、算学类似，都是在相关政务的机构和教育管理机构下反复迁移。这些具有实用性的学科，经常是处于一种政学不

---

① 马端临《文献通考》，中华书局 2011 年，第 6281 页。

② 《三国志》，第 611 页。

③ 《晋书》，第 737 页。

分或政学分离的反复状态。

十六国时期，后赵首先在教育体系内提升律学之地位。石勒“署从事中郎裴宪、参军傅畅、杜嘏并领经学祭酒，参军续咸、庾景为律学祭酒，任播、崔浚为史学祭酒”[①]，将律学与经学、史学并尊。《资治通鉴》亦载此事，并称：“（石勒）以世乱，律令烦多，命法曹令史贯志，采集其要，作《辛亥制》五千文；施行十余年，乃用律令。以理曹参军上党续咸为律学祭酒；咸用法详平，国人称之。”[②]不难看出，后赵提升律学在教育体系内的地位，其目的依然是以实用性为主的，由负责刑法事务的理曹参军兼任祭酒，可以使律学生徒在实践层面上接受熏陶，迅速掌握断案所需的律令条例。后秦姚兴亦“立律学于长安，召郡县散吏以授之。其通明者还之郡县，论决刑狱”[③]，其目的与后赵类似，都是通过简短的培训，使地方官吏迅速掌握新修订的律法。

北魏时，律博士由廷尉负责举荐，如廷尉公孙良荐举常景为律博士。孝文帝《职员前令》规定律博士与太学博士、太史博士同级，皆为第六品中，甚至其班次还高于礼官博士。太和二十三年（499）的《职员后令》则将律博士降为第九品上阶，与四门小学博士同级。由此可见，北魏吸收了十六国时期的经验，一度将律博士置于与经学同等重要的地位，但随着汉化改革的深入与南北局势的稳定，北朝律博士的地位逐渐下降。此外，北魏的律博士虽与太学博士、四门博士等并列，但并未见到招收生徒的记载，有可能还是对地方散吏进行短期培训。与之相对，南朝在廷尉下设律博士、胄子律博士的同时，还尝试扩大律生招收规模，吸收世家子弟成为律学生徒。《南齐书·崔祖思传》载崔祖思建元元年（479）上书：“汉来治律有家，子孙并世其业，聚徒讲授，至数百人。故张、于二氏，絜誉文、宣之世；陈、郭两族，流称武、明之朝。决狱无冤，庆昌枝裔，槐衮相袭，蝉紫传辉。今廷尉

① 《晋书》，第 2735 页。

② 司马光等《资治通鉴》，中华书局 1956 年，第 2871 页。

③ 《晋书》，第 2980 页。

律生，乃令史门户，族非咸、弘，庭缺于训。刑之不措，抑此之由。”[①]可见不晚于建元元年，南齐的有识之士就已试图招收高门中的“笃厚之士”成为律生，只不过收效甚微，律生的来源仍多为令、史等寒微子弟，而非门阀子弟。永明九年（491），任职廷尉的孔稚圭再次提请在国学内设律学助教，“依《五经》例”，国子生有愿意修读律法者，“策试上过高第，即便擢用，使处法职，以劝士流”[②]，虽然齐武帝批准了其建议，但最后应是受到士族的抵制，并未得到贯彻实行。不过，从这些举措中也可看出南朝官方对律学教育的日渐重视。

北齐改廷尉为大理寺，在大理寺下设律博士四人。隋代沿袭北齐制度，亦于大理寺下置律博士，员额达八人之多。开皇年间，隋文帝正式下诏“置律博士弟子员”[③]，州县亦设律生。断决大狱时，皆先牒尚书刑部明法曹，由明法议定其罪名，然后依断。在明法曹议罪的过程中，律学生徒也可以参与。遗憾的是，这种将教学与实践融合为一体的教育模式并未能持续很长，一次律生枉法事件导致隋文帝失去了对律学群体的信任。开皇五年（585），侍官慕容天远检举都督田元“冒请义仓”，但始平县律生辅恩，在决狱议罪中反而诬陷慕容天远。这次事件导致隋文帝下诏废除律学，他在诏书中痛陈：“杀生之柄，常委小人，刑罚所以未清，威福所以妄作。为政之失，莫大于斯。其大理律博士、尚书刑部曹明法、州县律生，并可停废。”[④]为了弥补法律人才的不足，开皇六年（586）“敕诸州长史已下，行参军已上，并令习律，集京之日，试其通不”[⑤]，实际上又回到了北朝早期的旧制度上，以在任官员或散吏为修习律法的对象。

武德初年，唐高祖将律学置于国子监之下，寻废。[⑥]贞观六年（632）二月，太宗复置律学。此后可能又有短暂的废学之举，直到高宗朝方才恢复，

---

① 萧子显《南齐书》，中华书局 1972 年，第 519 页。
② 同上书，第 838 页。
③《隋书》，第 712 页。
④ 同上书，第 713 页。
⑤ 同上。
⑥《新唐书》，第 1267 页。

故《唐会要》“律学”条载“显庆元年十二月十九日，尚书左仆射于志宁奏置”[①]。数次废学复立导致唐代律学的设置时间混乱不清。显庆二年（657），高宗再度废除律学，以博士以下隶大理寺，而《新唐书》《唐会要》则记于显庆三年（658）。龙朔二年（662），高宗复置律学于国子学，但生徒员额由唐初的五十人减为二十人；龙朔三年（663），再度将律学置于详刑寺（大理寺）之下。唐中宗神龙元年（705）前后，律学再度归于国子监管理。安史之乱后，学馆萎缩，生徒流散，至宪宗元和二年（807）重定生徒员额，西京律学招收二十人，东京十人。

唐代律学的管理机构是在国子监和大理寺下几度迁改，并且时有废止。之所以出现这种情况，与法律教育和司法实践的特殊性有着密切的关系，二者之间存在着教学如何相长的困境。作为掌握罪犯生死刑罚的审判机构，刑部、大理寺及各级地方官府需要大量的法律人才参与议罪审刑。从主政者的角度看，培养法律人才最快捷的途径便是在司法实践中培养。但律生作为生徒，一方面取消视品官待遇后并不具备判案的资格，一方面也会因自身律学修养不足而导致误判、错判的情况发生。对于皇权而言，生杀大权旁落于人是一件非常忌讳的事情。因此，高宗朝之后的律学教育便脱离了实践层面，仅从律、令、格、式的文本层面进行修习，这才使得律学成为国子监教育体系中的组成部分而稳定下来。

唐代律学的生徒同样“以八品以下子及庶人之通其学者为之”[②]，但入学年龄要求在十八岁以上，二十五岁以下，明显高于其他诸学的生徒，这是因为律学处理的皆为涉及刑罚的案件，更需要心智成熟、稳重老成者为之。律生的在学年限最高为六年，也要比一般生徒的要求要严格。律生的待遇与书、算学及州县学生相同，束脩数量及朝参服饰同书、算学之例。

律学生徒学习的主要是律、令，并以律、令为专业，格、式及法例亦兼习之。那么，唐代的律学生徒究竟修习的是何种律、令，兼习的又是何种格、式、法例呢？唐代的律、令、格、式颇多，不少帝王皆曾修订律、令、

① 《唐会要》，第 1163 页。
② 《新唐书》，第 1159 页。

格、式，如《武德律》《贞观律》《贞观令》《贞观格》等，律、令的修订与皇帝临时诏敕的法律化，并不利于士子的日常学习与考核选拔。实际上，唐代早期的律学在教材教授与科举选拔过程中都没有一致的标准。永徽三年（652）五月，“诏律学未有定疏，每年所举明法，遂无凭准”①。因此，高宗下诏召集律学之士“解律人”修撰义疏，这便是《永徽律疏》；又诏长孙无忌等增损格敕，其曹司常务曰《留司格》，颁之天下者曰《散颁格》。唐代前期，律学生徒日常修习的教材应该就是经过多次修订的《律疏》②和《唐令》，其兼习者应为经修订后颁行天下的《散颁格》和《式》。

高宗之后，唐代诸帝出敕频繁，格、式条文也需要根据社会现实随时修改，唐代中后期又新增加了作为重要补充的法律文书汇编“格后敕”。因此，唐代朝廷编有诸如《垂拱留司格》《神龙散颁格》《太极格》《开元前格》《开元后格》《开元格后长行敕》《大和格后敕》《开成详定格》等。这些新定的格、式、格后敕也都曾颁示天下，但对于律学生徒而言，其内容是否会被纳入科举考试或监内日常学习之中，不得而知。根据唐代司法“一断于律”的原则推断，唐代律生所修习的主要专业，应该还是以《律疏》及《唐令》的内容为主，新修订后的格、式、格后敕可能只会作为兼习的部分，并且不会过分重视，否则生徒所需修习的范围实在过于庞大。

此外，唐代律学生所兼习的“法例”有两种可能。其一是《唐律疏议·名例》中所说的“命诸篇之刑名，比诸篇之法例”③，即有关刑罚处罚原则之规定。《唐六典》在规定给事中职责时也明确提出：“凡国之大狱，三司详决，若刑名不当，轻重或失，则援法例退而裁之。”④这是律学生日后断案必须掌握的基础原则与重要知识，故而《唐六典》提出“法例”也是其所应

---

① 《唐会要》，第702页。

② 按，《永徽律疏》修成后经过了多次修订，其大规模重修则是在开元二十二年，玄宗鉴于历朝修订的旧制多有不便，诏命李林甫等人全面删缉律、疏、令、格、式、敕，李林甫等根据《开元律》，在《永徽律疏》的基础上进行了大规模的刊定，前后历时三年。开元二十五年，新修订的《开元律疏》颁行天下。另，今本《唐律疏议》所依据者“当是神龙以后、开元二十五年以前通行本《律疏》”，相关论述见刘俊文《唐律疏议笺解》，中华书局1996年，第70页。

③ 《唐律疏议笺解》，第2页。

④ 《唐六典》，第244页。

兼修的内容之一。其二，唐代另有一种名为《法例》的文献。它是出现律令冲突或“格式无文”的情况下，由大臣编撰的帮助断狱行判的已行判例的合集。高宗朝的宰臣崔知悌、赵仁本皆曾编写过《法例》。崔知悌曾出使河南道“申理冤屈”，赵仁本则是在担任刑部侍郎时编写的《法例》，二人都有着丰富的司法实践经验。律学生所修习的“法例”也有可能指的是此类文献。但高宗、中宗、玄宗皆曾下诏，认为“以例破敕”或“破令、式”的情况是不合理的，禁止有司随意攀引为例。故而这些《法例》在司法实践中也经常处于一种尴尬的处境，它是司法实践与律学教育中不可缺少的组成部分，但又不符合唐律的要求，经常遭到皇帝的废止。故而律学生学习《法例》可能也只是作为一种知识的补充，并不会作为主要修习的内容。

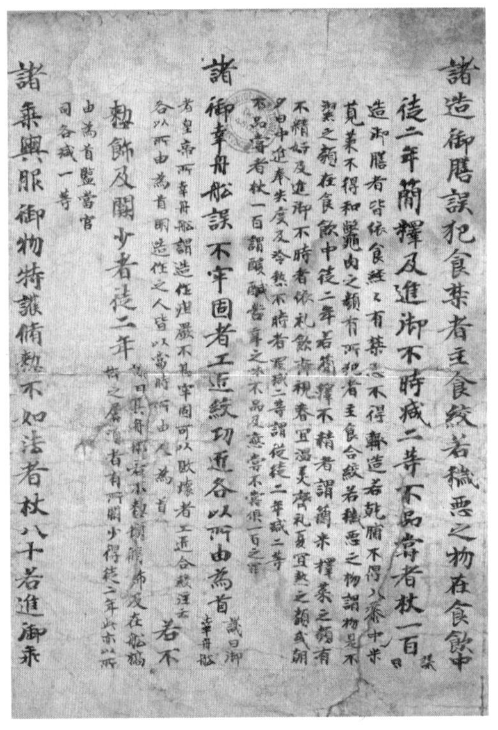
諸造御膳誤犯食禁者主食絞若穢惡之物在食飲中徒二年簡擇不精及進御不時減二等不品嘗者杖一百

諸御幸舟船誤不牢固者工匠絞工匠各以所由為首若不整飾及闕少者徒二年

諸乘輿服御物持護脩整不如法者杖八十若進御乘

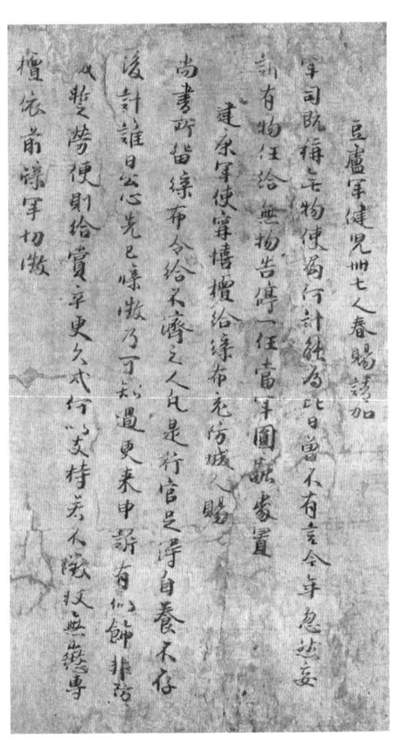

左：敦煌文书 P.3690《职制律疏》
右：敦煌文书 P.2942《唐永泰年间河西巡抚使判集》

唐代律学的学官主要由律学博士和律学助教组成，另有负责经学教育的律学直讲一人。律学博士的品阶为从八品下，相较于隋代的正九品上，官品得到了提高。在博士员额上，不同史料则有不同的记载，《唐六典》《旧唐书·职官志》皆为一人，《新唐书·百官志》则为三人。此外唐代还首次设置了律学助教，品阶为从九品上，员额为一人。律学博士的记载较少，仅长孙无忌等修撰《律疏》时，在《进律疏议表》里留下了“儒林郎守律学博士飞骑尉司马锐”的记录。律学助教也仅有二人见于现存墓志记录，李弘方“将仕郎、守国子监律学助教”[①]，崔光嗣“国子监律学助教”[②]。

律学生徒监内考试合格后，可举送参加明法科。唐代明法科出身者较明书、算者为多，由于律学的专门性，所以应举明法科者，多为律学生徒或有家学传承的乡贡。如张说之父张骘[③]，他是在舅父的抚养下长大的，其外祖父为大理寺丞，张骘从而授业，十九岁以明法科擢第。明法科的考试内容为“试律、令各一部，识达义理、问无疑滞者为通”[④]，对律、令必须达到精熟的程度，“粗知纲例、未究指归者为不”[⑤]。明法考试的内容如下：律、令的帖试，每部试十帖；帖试通过后，再策试十条，其中律七条，令三条，全通者为甲，通八条以上为乙，八条以下为不第。从《唐六典》的记录看，开元之前的明法科主要是两场试，一为帖经，一为策试。贞元二年（786）六月，唐德宗下敕曰：“明法举人，有能兼习一经，小帖义通者，依明法例处分。”[⑥]唐代中后期的明法科增加了经学考核的内容，这与律学内有专事经学教育的直讲安排相吻合。

值得注意的是，相较于国家庞大的法律人才需求，唐代的律学无论是在生徒规模，还是教师队伍建设上，都无法适应其需要。加之唐代前期律学时

① 周绍良、赵超《唐代墓志汇编续集》，上海古籍出版社 2001 年，第 978 页。

② 毛阳光《洛阳流散唐代墓志汇编续集》，国家图书馆出版社 2018 年，第 397 号。

③ 按，张骘的祖父张弋为北周通道馆学士；父张恪，未仕而身亡，二人皆非通律学之士。

④ 《唐六典》，第 45 页。

⑤ 同上。

⑥ 《唐会要》，第 1399 页。

有兴废，这导致目前所见的唐代的明法及第者中，有不少是乡贡出身[①]。

唐代明法科及第仕宦情况

出身	人名	及第时间	家世	释褐官	仕宦经历	司法机关任职情况
乡贡	王植	武德八年（625）	祖才，隋胜州录事参军事。父兴，邢州柏人县令	大理寺录事	应制举，迁武阳县令，仍在京州，参与修律。因修律授尚书省都事。迁太府寺丞、司典寺丞，参与房遗爱案有功，授大理寺丞。授泾州长史。授宗正寺丞，奉使越州推事	大理寺丞
乡贡	张鹭	贞观二十一年（647）	祖弋，北周通道馆学士。父恪，未仕	深州饶阳县尉	调长子尉，换介休主簿、洪洞丞。有旨差覆囚山南	县尉
乡贡	卢医王	武德六年（623）	祖珣，隋同州参军。父虔寿，隋司骑参军	沁州绵上县尉	转邓州穰县、泽州高平二县尉，益州绵竹、遂州方义二县主薄，滑州匡城县丞	县尉
乡贡	李正本	约显庆四年（659）	祖非罴，隋武阳郡丞、沧州别驾。父度，唐光禄寺丞、普州乐至县令	慈州昌宁县主簿	应八科举，敕除陕州河北县尉。受狄仁杰举荐，审理朔州刺史张玄爱贪赃案件。朝廷因欲引为宪职。属内忧寝，服阕，授蒲州河东县尉。除相州司士参军。秩满，授魏州顿丘县令。及岁满，吏人连状，乞留一年，仍请建碑颂德。州将元暕表闻，制加朝散大夫，复任仍许立碑。寻除洋州长史	州司士参军

① 按，王植生平见《大唐故司宗寺丞上骑都尉王君墓志铭》，张鹭生平见《唐赠丹州刺史先府君神道碑》及《府君墓志》，卢医王生平见《唐故滑州匡城县丞范阳卢府君墓志铭并序》，李正本生平见《唐故朝散大夫行洋州长史李府君墓志铭并序》，许枢生平见《大周故正议大夫使持节都督嵩州诸军事守嵩州刺史上柱国高阳县开国男许君墓志铭并序》，成幾生平见《大唐故朝议郎行徐州长史成公府君墓志铭并序》，李行生平见《大唐故括州松阳县尉李君墓志铭并序》，张泚生平见《大唐故吴郡常熟县令上柱国张公墓志铭并序》，乔梦松生平见《唐故朝请大夫上柱国检校尚书（下泐）》及《唐大理正乔□□夫人长乐冯氏墓志铭并序》。

（续表）

出身	人名	及第时间	家世	释褐官	仕宦经历	司法机关任职情况
乡贡	许枢	不详	祖楚玉，齐通直散骑侍郎都水使者。父士端，隋宋州治中	详刑评事（大理评事）	迁大理丞，转洛州巩县令，苏州司马，秦、越二州长史。累迁龙州刺史，封高阳县开国男，食邑三百户。俄除泗州刺史，又重授泗州刺史，加上柱国。除太中大夫、使持节都督巂州诸军事巂州刺史，又加正议大夫	大理寺评事、大理寺丞
不详	成幾	不详	祖嘉祥，隋毗陵郡西曹掾、乌江县令。父相，豳州永寿县丞	□州□□□□	应诏举，迁雍州万年县尉。迁华州司户参军。又应□□举，迁绛州闻喜县令。迁大理寺司直。迁左骁卫长史。迁栎阳县令。迁徐州长史	大理寺司直
不详	李行	不详	祖儒，德州司马。父英，均州武当县令	房州上庸县尉	累迁曹州城武、婺州金华、括州松阳县尉	县尉
乡贡	张沘	景龙三年（709）	祖琮，皇齐安郡别驾。父悊，西河隰城尉	南海郡参军	转豫章郡兵曹参军，授寿春郡安丰令，复改吴郡常熟令	兵曹参军、县令
乡贡	乔梦松	不详	曾祖平州伯凯，祖琳宰其化，司刑宪官也	瀛州河间尉	□□州冯翊尉，迁京兆三原主簿。摄监察御史，勾剑南租税，仍覆囚使。使终，止除监察御史里行。更一年，除监察御史。更一年，除殿中侍御史。更一年，除侍御史。摄鸿胪少卿，出车于安西。拜朝散大夫，后迁尚书屯田郎中	监察御史、殿中侍御史、侍御史

国家既然可以依靠明法科来弥补相关的人才缺口，那么对律学的建设自然就不甚重视。白居易曾在《策林·论刑法之弊》中深刻地讨论过这一问题，他针对“刑法不便于时耶，而官吏不得其人耶”的问题作答，认为是“官吏不循其法”造成了法行于今而人未和的局面。而之所以官吏不循其法，

则是因为“朝廷轻法学，贱法吏”[①]，使得来应明法科并补为法吏者多为小人（胥吏）。要想改变这一情况，只有“高其科，重其吏”，提高明法科在科举中的地位，将司法官吏列为清官，吸引士人前来应选。换言之，唐代在设置律学及明法科时，还是将其视作一种专业技术人才来培养，其社会地位无法与国子、太学生徒，或进士、明经等常贡相比，这可能是唐人墓志中少见律学出身者的重要原因。乾元元年（758），唐肃宗大赦天下，令“今后医卜入仕者，同明法例处分”[②]，虽然是提升医者、卜者地位的诏命，但也从反向说明了法学人才的地位与医、卜类似，都只是技术官僚而已。由此可见，唐代律学虽然从实务部门脱离出来，成为专事法律人才培养的专科学校，在教育体系中确立了法学的重要性，但从仕途发展的角度看，律学明法出身者前途暗淡，鲜有宰臣卿相，故唐代律学的实际影响亦有限。

① 《白居易文集校注》，第 1553 页。
② 《旧唐书》，第 251 页。

第四章　唐代官学中的专科教育机构

唐代的官方学校，除了国子六学外，还有一些专科类学校，如医学、乐学、卜算之学等。它们虽然在地位上无法与国子学等相比，但也是唐代教育制度中不可缺少的重要部分。从管理体系上看，这些专科教育学校并不属于国子监直接管辖，而是设置在各实际行政部门下。学校的博士与生徒除了要进行日常的教学活动外，还要参与部门内部的日常事务，这使他们兼具行政官吏的身份，生徒则属于半工半读的学徒性质。

一、唐代的医学教育机构

（一）医学的设置及制度沿革

中国古代医学的起源很早，《周礼》中已有医师、食医、疡医、兽医的记录，可见当时官方医学已有专业之分。春秋之时，官学衰落，私学兴起，医学教育也出现了私人传授的师承关系，主要以家学传承为主。《礼记·曲礼》云："医不三世，不服其药。"[①]孔颖达的注疏在解释该句时提供了两种解读方式，其一是服药必须择"其父子相承至三世也"[②]，这是承继汉儒郑玄的看法，即行医者必须历经数代家学传承方可诊疾疗愈。而"三世者"的另一

---

① 《礼记集解》，第 147 页。

② 同上书，第 148 页。

种说法，指的是黄帝针灸、神农本草、素女脉诀，即三种基本的医疗知识。后一种说法虽然与郑玄旧注相抵牾，但也从侧面说明汉唐以来的学者充分认识到了医学知识传承过程中的专业性问题。两汉时期，医学人才的选拔在承袭前代经验的基础上逐渐发展起来，察举制使得医者的来源多元化，官方多从民间选拔佼佼者入为医官。此时期师徒相承的线索更为清晰，如张仲景受学于张伯祖，吴普、樊阿、李当之皆师从华佗等，但官方的医事制度中并未明确见到“医学”设立的记载，官办的医学教育尚未形成。医学教育形式依然是父子相传或私学师徒授受。

国家层面设置学校性质的专科医学，始于南朝宋文帝元嘉二十年（443）。本年，太医令秦承祖奏置医学，以广教授。南朝的制度应该是承袭晋代而来，晋时医学生主要来自“上手医子弟”，其世代习业者“令助教部教之”[①]，仍是先从民间选拔出色的医学生徒，再由官方加以教育。但刘宋的医学只持续了十年，元嘉三十年（453）宋文帝去世即遭罢省。孝武帝即位后，周朗曾上书建议去巫复医，因其奏议言辞激烈，触怒孝武帝而去职。此后，刘宋陷入内乱，无暇顾及教育事业，医学亦未得到恢复。北魏在汉化改革中曾借鉴过南朝制度，太和十七年（493）颁布的《职员令》中著有“太医博士”之职，品阶为从第七品下，与太史博士、太学典录同品阶；太医助教，第九品中。但北魏的太医博士、助教是否招收生徒，史无明载。

北朝是隋唐制度的直接来源。北周以《周礼》设官，有太医下大夫、小医上士等职；北齐在太常寺下设太医署，以太医令、丞统之。隋、唐皆继承齐制，在太常寺下设太医署，分设医师、药园师、按摩师、咒禁师等专科治疗，但隋代也同时吸收了北周医正上士、中士、下士制度，在太医署下设医正之职。北周由医正负责医学生的教育，生徒员额为三百名。隋代的医学生数量则缩减为一百二十人，但不知其是否仍由医正负责教育。

唐代的太医署同样兼具行政与教育职能。从行政职能上看，太医署长官为太医令，员额二人，从七品下；太医丞为通判官，员额两人，从八品

---

① 《唐六典》，第410页。

下。其下属仍分为四类："医师、针师、按摩师、禁咒师（即咒禁师）。皆有博士以教之。"[①] 另有医监四人，医正八人，医正也与医师、医工一道治疗疾病，以疗愈数量为考课。此外还有主药八人、药童二十四人；府二人，史四人；药园师二人，药园生八人。负责为宫廷内外提供日常医疗服务的，主要是二十名医师和一百名医工；京城各坊巡查治疗的工作，每次由医师、医监、医正各出一人担任。从教育功能看，贞观三年（629），太宗于太医署下置医学，设医药博士教授学生；开元元年（713），改医药博士为医学博士。此外，唐代太医署下还有典学两人，负责对生徒的课业进行抄录。

唐代的医学教育除了由太医署负责外，其他的中央医疗机构中也有相关设置。如仿效太医署所建的东宫"药藏局"，专职为太子诊疾。但东宫宫人生病的话，可能也由其诊疗，为满足治疗之需，药藏局在其制度下也招收生徒。这些医生由于没有正式编入《职官令》，故又称为"别教医生"。如梁师亮，"起家任唐朝左春坊别教医生。抠衣鹤禁，函丈龙楼，究农皇之草经，研葛洪之药录"[②]。此外，虽史无明载，但殿中省的尚药局应该也有类似的设置。

（二）唐代太医署的教育职能

具体而言，唐代太医令掌诸医疗之法，太医丞为其副手，二者除了行政管理职责外，还要承担起对各科生徒的考核之责。唐代太医署共分设四类专业：医师、针师、按摩师、咒禁师，相较于隋代，多出了针师一科。这四类皆设有博士以教授生徒，其考试、登用如国子监之法。此外，太医署下另有专门的药学，设药园师以教授药园生。这说明隋唐时期的医学教育发展迅速，学科知识的细化越发深入，药物培育与医疗诊断已是相互区分的两大类。唐代对各类医学生徒的管理考核也十分严格，对具体所学知识有各自的考察标准。其中，医学生、针学生读《本草》者，"即令识药形，知药性"[③]；

---

① 《旧唐书》，第 1876 页。

② 《唐代墓志汇编》，第 900 页。

③ 《唐六典》，第 409 页。

读《明堂》者，“即令验图识其孔穴”[①]；读《脉诀》者，“即令递相诊候，使知四时浮、沈（沉）、涩、滑之状”[②]；读《素问》《黄帝针经》《甲乙脉经》皆使精熟。诸科博士每月会对生徒进行考试，太医令、丞则是每季度考核一次，太常丞年终进行总试。生徒“若业术过于见任官者，即听补替”[③]，在学九年无成者，退从本色。

太医署内的教学是分专业进行的，总体上按照药医、针石医、按摩医、咒禁医等不同治疗方式，由博士对生徒进行培训指导，故而各自培养的方式与要求各不相同。以药医为例，药医学生（简称医学生）的教学由药医博士（简称医博士）、助教负责，太医署设医博士一人，正八品上；助教一人，从九品上。博士、助教负责以医术教授诸生，但医师、医工亦会参与教学活动。唐代医博士的职能主要包括以下几个方面。第一，以教材为中心，传授医学理论的相关知识，教授诸如《本草》《脉经》等。医学生需要达到一定的水平，经考试合格后，方能分科进一步深造：“诸医生既读诸经，乃分业教习。”[④]第二，负责学生的考试工作，每月对生徒进行一次考试，博士的考课与生徒的培养成效有关，“旬省月试，时考岁贡。以生徒及第多少，为博士考课上下”[⑤]。第三，承担撰著医学典籍的任务。第四，承担一定的治疗疾病的任务。

唐代医博士主要通过以下的途径进行选拔。首先是传统的择民间佼佼者入选，这部分医博士多为家传师授模式培养而来。虽然唐代的官方医学教育已颇具规模，但其培养人数与教育成效并不足以满足社会需求。因此，不少医官仍是从传统的家传师授模式中简拔，医博士自然亦在其列。有的医博士家传素业，甚至三代人都为官方服务，父子皆被选入内廷。如上阳宫医博士成璘，其父成万善，“扁鹊之艺，人无比焉，佐东都留守兼关东道节度副元帅郭令公之随军”，因医术精湛受到郭子仪的赏识。成璘“习父之业，充大

① 《唐六典》，第 409 页。
② 同上。
③ 同上。
④ 同上书，第 410 页。
⑤ 《旧唐书》，第 4018 页。

内上阳宫医博士”[①]。其子成文会，同样受家学熏陶，子承父业，充大内上阳宫医博士。其次，通过署内举送医学生的方式替补。《唐六典》载“（诸医、针生）若业术过于见任官者，即听补替”，也就是说，若生徒有医术高超者可直接选拔为医官或博士，这也是唐代医博士的重要来源。其三，通过科举选拔。唐代设有“医举”，其待遇与明经、明法相同。《唐会要》：“乾元元年二月五日制：自今以后，有以医术入仕者，同明经例处分。至三年正月十日，右金吾长史王淑奏：医术请同明法选人。”[②]“医举”的考试方法为“各试医经方术策十道，《本草》二道，《脉经》二道，《素问》十道，张仲景《伤寒论》二道，诸杂经方义二道。通七以上留，已下放”[③]。唐代的“医举”也是选拔医疗人才的主要方式，但目前所见实例仅吴本立一人，其父吴嗣为“朝议郎行太医令”，吴本立“永徽元年，医举及第，寻授太医监，俄转令，又任太子药藏监”[④]。

医学生日常修习教材为《本草》《甲乙经》《脉经》等。其中，《本草》有两种可能，一是陶弘景注解本《神农本草经》，一是高宗时新修的《唐本草》，二者在敦煌文书中皆有留存。《神农本草经》的主要内容为药物学的基本知识，共记载了三百多种药材，并将其分为上、中、下三品，并在书中提出了药物配合使用的原则“君臣佐使法”，总结了“七情和合”的药物配比关系。《唐本草》又名《新修本草》或《唐新本草》，是我国的第一部官修药典。由于《神农本草经》在长期的使用中，存在着一定的缺漏与不足，故而唐代官方在其基础上进行了修订和补正。永徽年间，高宗命李绩、于志宁等着手进行修订，成书又被称为《英公本草》。显庆二年（657），高宗又组织苏敬、长孙无忌等人参与编写，最终于显庆四年（659）完成了这部《唐本草》。全书除了图经外，还附有药材图谱二十五卷，共记载药物八百余种，可谓图文并茂。该书记载了各类药材的属性及用法，图经部分对药材的产地来源、疗效等进行了详细说明，药材图谱部分则描绘了各类药材的形貌。

① 《唐代墓志汇编续集》，第 904 页。
② 《唐会要》，第 1525 页。
③ 同上。
④ 《唐代墓志汇编续集》，第 419 页。

《甲乙经》是一部针灸学的著作，由西晋皇甫谧所撰写，共十二卷。唐代太医署亦采用为医学教材。虽然医学生并非专长于针石治疗，但书中对经络理论、脉诊理论、针灸法及禁忌、病因病理等内容做了详细描述，这些都是医学生需要掌握的基础知识。

《脉经》是由晋代王熙所著，共十卷。该书总结出了诸如“浮脉”“洪脉”“滑脉”“促脉”等二十四种脉象，并将脉律的变化与疾病的关系进行了关联，主讲论脉要诀、阴阳表里等，详细论述了通过切脉诊断疾病的方法及原理。它所传授的“三部九侯”的切脉方法，也是日常行医时必不可少的知识。

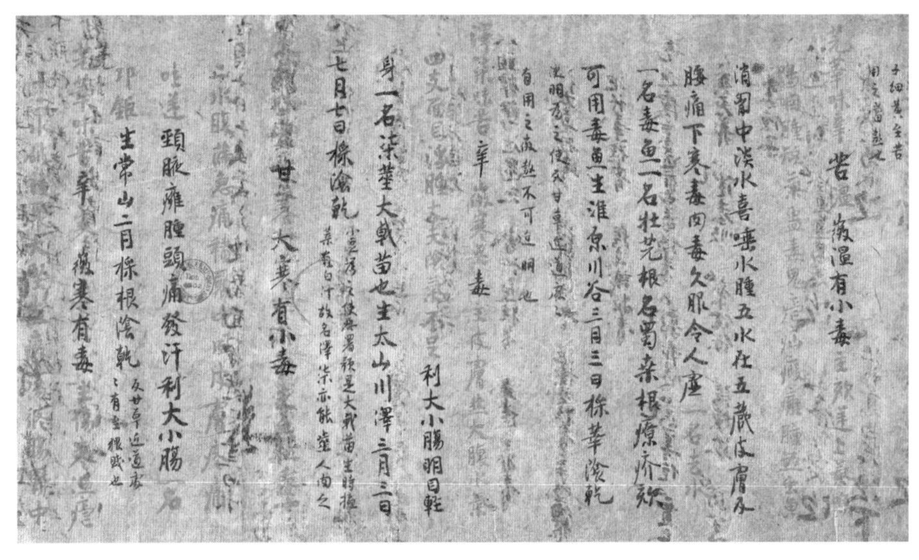

敦煌文书 P.3714《新修本草》

医学的二十名生徒共分为五个专业方向：一为“体疗”，共十一人，修习年限为七年；二为“疮肿”，共三人，五年学成；三为“少小”，共三人，修习时间五年；四为“耳目口齿”，共二人，二年业成；五为“角法”，一人，二年业成。“体疗”主要治疗除疮肿、耳目之外的身体疾病，相当于今天的内科。“疮肿”主要治疗疮伤、囊肿或肿瘤，采用的是类似于外科的治疗方法。“少小”，顾名思义，指的是儿科一类，唐代对于成丁的年岁规定，各时段均有不同，“少小”大致以六岁到十八岁为范围。“耳目口齿”相当于今天的耳鼻喉科和牙科，主要治疗面部器官的疾病。“角法”中的“角”指兽角，主要采用刮痧、火罐一类的理疗方法，治疗痔疮、肿痛等疾病，西汉帛书《五十二病方》中就有“角法”治疗的记录。也有学者认为，“角法”是用于治疗折伤和金疮的。宋代以后，“角法”与“疮肿”合为“疡科”。

针博士、针助教则主要负责教授针学生，针师、针工佐之。针博士员额一人，品阶为从八品上；针助教一人，从九品下。他们主要的职责是“掌教针生以经脉孔穴，使识浮、沉、涩、滑之候，又以九针为补写之法”①。所谓的“九针”就是九种不同的针具，对应不同的针灸方法，涵盖了从治疗风邪、支痈到臃肿、寒热等不同的内、外科症状。“九针”出自《黄帝内经·灵枢》诸篇，1968 年河北满城刘胜墓曾出土了汉代“九针”的实物。针生习业者，教授方法与医学生相同，“习《素问》《黄帝针经》《明堂》《脉诀》，兼习《流注》《偃侧》等图，《赤乌神针》等经”②。《素问》即《黄帝素问经》，唐代金元起、王冰皆有注本，唐代前期应以金元起注九卷本为教材，宝应元年（762）后逐步改为王注本。《黄帝针经》题为刘向所编，实际上就是《黄帝内经》中《灵枢》诸篇的合称，《隋志》中著录为“《黄帝针经》九卷”③。《明堂》，应为三卷本的《明堂孔穴图》，此外唐代另有三卷本《黄帝明堂》及杨玄孙撰注的三卷本《黄帝明堂经》。从名称上看，应该都是教授经络穴位知识的著作或图谱，唐代针生所兼习的《流注》《侧偃》也是图谱形式的经络知识，今皆亡佚。《脉诀》应是《脉经决》的简称，《隋志》有“徐氏新撰《脉经决》二卷”④的记载。隋唐医者自撰脉经者甚众，如甄权“撰《脉经》《针方》《明堂人形图》各一卷”⑤。故名为“脉经”者在两唐书《经籍志》《艺文志》中颇为常见，未详何本被选为生徒教材。《赤乌神针》，《隋志》中未提及撰者，两唐书题为“张子存”撰，皆记录为一卷本。

从学习内容而言，唐代医、针生所学教材数量甚多，在业成考核中也

① 《唐六典》，第 410 页。
② 同上书，第 411 页。
③ 《隋书》，第 1040 页。
④ 同上书，第 1043 页。
⑤ 《旧唐书》，第 5090 页。

有所反映。根据《天圣令·医疾令》的记载，医、针生“业成之日，令尚药官司取业术优长者，就太常对，丞以上皆精加校练，具述行业，申送尚书省”[①]，也就是说，其太医署内的考核主要采用口试的形式，由太常丞、太常卿考校。申送至尚书省者，“所司覆试策，各十三条。医生试《甲乙》四条，《本草》《脉经》各三条。针生试《素问》四条，《黄帝针经》《明堂》《脉诀》各二条。其兼习之业，医、针各三条”[②]。乾元元年（758）后，考试内容及标准改为“策十道，《本草》二道，《脉经》二道，《素问》二道，张仲景《伤寒论》二道，诸杂经方义二道，通七已上留，已下放”[③]。医、针生的考试方法、等第高下和国子监学生相同，得第者“医生从九品上叙，针生降一等”[④]；不第者，退还本学。医学人才培养不易，而且检验其是否成材的标准是疗效高下，而非策试的成绩，故而对于落第的医、针生，只是令其退还本学，而非做退学处理。此外，“明于诸方，量堪疗疾者，仍听于医师、针师内比校，优者为师，次者为工”[⑤]，这为那些明于医术、长于治疗的落第考生开启了补录的方便之门。学徒毕业后，除了留在太医署任医师、医工外，还有部分被派往全国各州、县任医学博士。

由于医、针生考试的方法与国子监学生相同，这使得博士的日常教学也受到一定的限制，主要是根据教材的内容“照本宣科”，自我发挥的余地较少。《天圣令·医疾令》曰：“诸教习《素问》《黄帝针经》《甲乙》，博士皆案文讲说，如讲五经之法。”[⑥]但若“私有精达此三部者，皆送尚书省，于流内比校”，这是因为唐代医、针学生的来源主要是世代修业之家，家学深厚者不在少数，故而在署内教育之外，另开方便之门。除了男性生徒外，唐代太医署还招收女性生徒，《天圣令·医疾令》：“诸女医，取官户婢年二十以上

① 天一阁博物馆、中国社会科学院历史研究所天圣令整理课题组校证《天一阁藏明钞本天圣令校证（附唐令复原研究）》，中华书局 2006 年，第 318 页。
② 同上。
③ 同上。
④ 同上。
⑤ 同上。
⑥ 同上书，第 410 页。

三十以下、无夫及无男女、性识慧了者五十人，别所安置，内给事四人，并监门守当。”[①]从生徒来源看，女性生徒大部分来自官户，而非百姓良人之家。女性生徒的年龄较大，且皆为未曾婚配生育者。由于生活在内廷，女性生徒受内官管辖，不允许随意出入，有专人监门看守。女性生徒的教习同样由医博士负责，“医博士教以安胎产难及疮肿、折伤、针灸之法，皆按文口授”，其学习年限为五年，“每季女医之内业成者试之，年终医监、正试”[②]，其考核分为季度、年终，主要由医监、医正负责。

隋代设按摩博士两人，贞观初减为一人，从九品下，无助教。按摩博士的副手主要是四名按摩师和十六名按摩工，由他们共同“教按摩生也”[③]。隋代按摩生曾有一百人的规模，武德年间置三十人，贞观中再减为十五人。按摩治疗的目的是“欲使骨节调利，血脉宣通”[④]，按摩生主要学习“消息导引之法”以治疗风、寒、暑、湿、饥、饱、劳、逸八种疾病，“凡人支、节、府、藏积而疾生，导而宣之，使内疾不留，外邪不入”[⑤]。此外，按摩师还要学习如何治疗“损伤折跌”，类似于今天的正骨科。按摩生限三年而成，相较于医、针生要短。

咒禁科，设咒禁博士一人，从九品下；另有咒禁师二人、咒禁工八人、咒禁生十人，学“咒禁、解忤、持禁之法”，“除邪魅之为厉者”[⑥]。咒禁的来源主要分为道教和佛教两类，前者称为“道禁”，出自“山居方术之士”；后者称为“禁咒”，佛教中的密宗尤其擅长此术。《唐六典》载有所谓咒禁五法：“一曰存思，二曰禹步，三曰营目，四曰掌决，五曰手印；皆先禁食荤血，斋戒于坛场以受焉。”[⑦]总体而言，咒禁科多为采用宗教仪轨形式进行的精神治疗，类似于今天的精神科。咒禁生限二年业成，咒禁生与按摩生业成

① 天一阁博物馆、中国社会科学院历史研究所天圣令整理课题组校证《天一阁藏明钞本天圣令校证（附唐令复原研究）》，中华书局 2006 年，第 319 页。

② 同上。

③ 《唐六典》，第 411 页。

④ 同上。

⑤ 同上。

⑥ 同上。

⑦ 同上。

之日，并申补本色师、工。

此外，太医署下还设有药园生以习药学。药学制度首见于隋代，《隋书·百官志下》："太医署有主药、医师、药园师、医博士、助教、按摩博士、祝禁博士等员。"① 唐代的药园师与隋代数量相同，另有药园生八人、药童二十四人。京都各置药园一座，选良田三顷，故长安、洛阳、太原皆有皇家药园。药园师"以时种莳、收采诸药"；"凡药有阴阳配合，子母兄弟，根叶花实，草石骨肉之异，及有毒无毒，阴干曝干，采造时月，皆分别焉"②，同时还要负责辨别并保管各州进贡的药材。药园生选"庶人十六已上、二十已下"充任，学习期间，主修《本草》，"辨识诸药并采种之法"③，业成之后，补药园师。药园生与国子监诸生一样，享受"免科役"的优待，但要"三番"上直（每番一月），属于半工半读的性质。按摩生、咒禁生的情况也相同。

另据《唐六典》及《旧唐书·职官志》《新唐书·百官志》等载，唐代的州县亦有医学之设，其中长安、洛阳、太原三都，大、中、小都督府，上、中州各有博士、助教一人；下州仅设博士，无助教。在学生员额方面，各家文献记载有所不同。其员额差异如下表所示。

唐代地方医学生徒数量

文献来源	行政区划	医学生数
《唐六典》《旧唐书·职官志》	三都：长安、洛阳、太原	各二十人
	大、中都督府，上州	各十五人
	下都督府、中州	各十二人
	下州	十人
《新唐书·百官志》	三都：长安、洛阳、太原	各二十人
	都督府、上州	各二十人
	中、下州	各十人

① 《隋书》，第 776 页。

② 《唐六典》，第 409 页。

③ 《天一阁藏明钞本天圣令校证（附唐令复原研究）》，第 319 页。

（三）尚乘局、太仆寺与唐代兽医教育

兽医之制古已有之，《周礼·天官》即有“兽医”之职，掌疗兽病、兽伤，又设有专门治疗马匹的“巫马下士”二人、马医四人。隋唐之前的兽医制度史载阙如，目前仅知北齐曾在内厩局下设有马医二人。唐代在三处机构中设有兽医，一为殿中省尚乘局，这应是受北齐制度的影响，这批“兽医”员额多达七十人，名为“兽医”，实为马医，主要掌管六厩马，及内外闲厩御马的医疗健康。此外，作为储君的太子，在太子仆寺下设厩牧署，亦有兽医二十人。这些兽医应该都是由太仆寺培养并提供给内廷的。

唐代的太仆寺虽然是全国最高的马政管理机关，但最早设立兽医制度的机构则是殿中省尚乘局，其培养也应早于太仆寺。唐高宗龙朔二年（662）“改尚乘局曰奉驾局。……兽医七十人”[①]，由四位奉御中的一位负责专职管理“鞍辔辔勒，供马调度，及疗马医药料度之事”[②]。东宫的厩牧署是仿效尚乘局而来，因此其同样设置有兽医，负责为皇太子的乘马进行治疗。此外，虽然史籍中并无相关记录，但根据常理推断，负责皇后出行的内侍省内仆局也应有类似设置，并且兽医的人数应多于东宫。

唐代兽医的培养职能主要由太仆寺承担，太仆寺设有专门的兽医学校。由于太仆寺是唐代主管“厩牧、车舆之政令”的最高行政部门，所以太仆寺所培训的兽医不仅要负责中央官署的乘马治疗，也要负责各牧监、军府的马政医疗事务。太仆寺下设乘黄、典厩、典牧、车府四署，并负责统筹管理全国各级牧监，各级牧监下亦设有兽医之制。从数量上看，太仆寺的兽医多达六百人，但这些兽医在中央、地方任职的比例不得而知，有可能多数留任中央机关。他们在为马匹治疗疾病时，要根据“五劳”判断病情，其“有伤寒者，有伤热者，有疡者，咸据经方以疗焉”[③]。这说明唐代兽医是根据一套较为成熟的诊疗方案来疗愈马匹的。以“经方”入政典，也说明官方在兽医的培养和实践过程中，非常注重相关知识的总结和传承。唐代的兽医来源

---

① 《新唐书》，第 1220 页。

② 《唐六典》，第 330 页。

③ 同上书，第 331 页。

广泛，除了平民良人外，杂户、官奴婢也可选任，但“凡补兽医生皆以庶人之子”①，即进入兽医学校的生徒人选由庶人之子担任。太仆寺下设有兽医博士四人、学生一百人。兽医博士的品级不详。据《唐六典》所载，太仆寺共四名太仆丞，兽医博士、学生由其中一人专职负责，“丞掌判寺事”。兽医生徒的考核、升迁亦由该名太仆丞负责，生徒“成者补为兽医”，兽医学业优长者，进为博士。

由于缺少史料记载，唐代兽医生徒的日常学习内容及考课方式无法详知。但从《唐六典》所载兽医治疗以经方为准的内容看，兽医生徒的日常修习应以各类经方为主，同时也需掌握辨别药性的技能，能够辨别穴位、骨相以施针石。总体上看，兽医生徒应与医学生、针学生的培养模式近似。其所使用的教材应为当时社会上流行已久的兽医类著作。《隋书·经籍志》著录了大量的“相马”“相牛”类著作，如《伯乐相马经》《王良相牛经》《高堂隆相牛经》等，还有专门治疗马病的医方著作，如《疗马方》②《伯乐治马杂病经》《治马经》《治马经图》《治马牛驼骡等经》等，甚至还有《马经孔穴图》这样教授马匹针灸知识的著作。这些著作都有可能成为唐代兽医博士教授时使用的教材。此外，唐人还注重总结新旧兽医学知识，现存最早的兽医学专著《司牧安骥集》即为唐人李石所著，书中收录的《马师皇八邪论》《马体骨名图》等，未见于此前的公私目录，应该就是唐代兽医学在实践中总结出的新知识。

唐代的兽医生徒学成授职后，除了留任殿中省、太仆寺的兽医外，还可根据各州、军、镇所需进行派遣。《天圣令·厩牧令》：“诸系饲，马、驼、骡、牛、驴一百以上，各给兽医一人；每五百加一人。州军镇有官畜处亦准此。太仆等兽医应须之人，量事分配。”③值得注意的是，《天圣令·厩牧令》对兽医的简任来源有着不同的规定，殿中省、太仆寺的兽医“皆从本司”取人外，各州、军、镇还可从“百姓、军人内，各取解医杂畜者为之”④，并且军内所取者，仍各隶属军府。殿中省、太仆寺因地位重要，尚乘局专职侍奉

① 《唐六典》，第480页。

② 按，《隋书·经籍志》注曰：“梁有《伯乐疗马经》一卷，疑与此同。”可能是齐梁以来流传较广的治疗经方。

③ 《天一阁藏明钞本天圣令校证（附唐令复原研究）》，第294页。

④ 《天一阁藏明钞本天圣令校证（附唐令复原研究）》，第294页。

皇帝出行的相关事务，因此只能从“本司”取人，这也是兽医生徒只从庶人良家子中补选的主要原因。而各地州军府则出于事急从权的缘故，可以从百姓和军人中择优录取。由于《天圣令》记载的是府兵制尚未废除前的情况，玄宗朝之后的兽医简选可能存在新的安排。由于各地军府、牧监皆有牲畜蓄养，需要大量的兽医，但太仆寺的百名生徒员额远不能满足需求，使得各地只能从民间招募相关人才，这也从侧面反映了唐代兽学教育实际上主要是面对宫廷和中央政府机关所需而开设的。

二、唐代的天文、卜算之学

（一）唐代的太史局与天文学的设置

中国古代的天文之学与观测农时关系密切，同时还具有预测祸福的功能，因而受到皇家的重视。先秦时期的天文学之官称为“冯相氏”“保章氏”。汉以后由太史所属灵台丞执掌，归太史令领导。观测到的天象皆需要记录于史册，所以唐代的天文学、历学、漏刻学仍由秘书省太史局负责。隋唐继承汉以来的制度，于秘书省下设太史局，由太史令“掌观察天文，稽定历数”之责，其下设有通玄院等附属机构，在人员设置上有灵台郎（天文博士）、天文生；司历、司博士（保章正）、历生、装书历生；监候、天文观生；漏刻博士、漏刻生等，分别执掌天象观察、历数推演、观气望候、计时报时之责。

太史局群僚负责占望天象、阴阳、灾异之变，“凡日月星辰之变，风云气色之异，率其属而占候焉”[①]，其职掌与政局关系密切，故而自魏晋以来就受到皇家的重视，官秩等级逐步提高。隋代初期太史局仍隶属于秘书监，但炀帝即位后将太史曹提升为太史监，太史令进阶为从五品，进入高级文官序列。唐代的太史局设太史令二人，官秩从五品下，仍归属于秘书监。但太史局也曾在武周光宅元年（684）、中宗景龙二年（708）、玄宗天宝元年（742）三度脱离秘书省管辖，提升为监一级机构，成为与秘书省并驾齐驱的重要机

① 《唐六典》，第 303 页。

构。这三次太史局地位的提升均与特殊天象的出现有关，也与当时的政治波动相牵连。以光宅元年为例，本年初中宗即位，但不久就遭到废黜，睿宗登位后改元文明。但七月二十二日，彗星现于西方，四十余日方灭。从星占而言，这即是上天垂象以警示人间帝王。因此，九月六日，改元光宅，武则天改易官名制度，并以东都为神都，易服色，立武氏七庙以图代唐而立。解读图谶、记录天象是太史局的重要职能，此时期太史局地位的升降可能与政局变化有着直接关系。在天人合一观念的影响下，天象之变多与人事相联系，故唐代官方明确规定“凡玄象器物，天文图书，苟非其任，不得与焉”①。例如，天文观生在日常修习中不得妄读占书等，所见征祥灾异，需密封奏闻，如有泄露则要受到刑律惩罚。所以天文之学虽然依然属于实科教育的范畴，但其教育的范围与内容皆受到一定的限制，具有保密学科的性质。

唐代的天文之学分为三个方向。其一为“天文学”，它由两部分人员构成，一是观察天象的监候和天文观生，二是负责解读天象的灵台郎（天文博士）和天文生。监候是从魏晋太史令的属员“望候郎”演变而来，顾名思义，它是专门观测天象的官员。隋代设置监候四人，品阶为从九品下，隋炀帝曾一度增加到十人。唐代减为五人，品阶不变。天文观生既是监候的下属，同时也是跟随其深造的生徒，具备半工半读的性质。隋代始置，“掌昼夜在灵台伺候天文气色”②，唐代共有天文观生九十人，由天文生转补，经八考后可入流。

灵台郎“掌习知天文”③，其远源即《周礼》中记载的“冯相氏”。东汉时根据《诗经》筑“灵台”，太史丞掌之。曹魏太史下有灵台丞，主候望、颁历。晋、宋、齐、梁、陈以下诸代皆设此职，隋代时改设“天文博士”以代之，“掌教习天文气色”④。唐承隋制，置天文博士二人，正八品下。武周长安四年（704）改称“灵台郎”，员额、品阶不变。唐代灵台郎因职掌特殊，故

① 《唐六典》，第 303 页。
② 同上书，第 304 页。
③ 同上。
④ 同上。

少见于史籍，目前所知者仅郭远诚一人，郭氏卒于开元十八年（730），终官为朝散郎、行太史监灵台郎[①]，从“太史监”的名称可知，郭远诚任职应在开元二年至开元十四年（714 ～ 726）之间。

灵台郎除了观测天象的本职外，还负责教授天文生。唐代天文生员额共六十人，其年深者可转补天文观生。灵台郎所教授的内容主要是天象气色之变、灾异祥瑞诸相，主要以《石氏星经》《石氏中官占》《甘氏中官占》《巫咸占》等书为教材，又有诸家杂占以辨别瑞星、祆星、瑞气、祆气等，这些内容多保存在《开元占经》中。除此之外，敦煌遗书中还保留了不少属于杂占类的瑞应图、星图，这些图录也是观察天文、修习灾祥时的重要内容。同时，天文观生、天文生还需要掌握天象仪器的使用。隋代庾季才、周坟等改良了浑仪等观象设备。周坟为太史令时，“博考经书，勤于教习，自此太史观生，始能识天官”[②]。

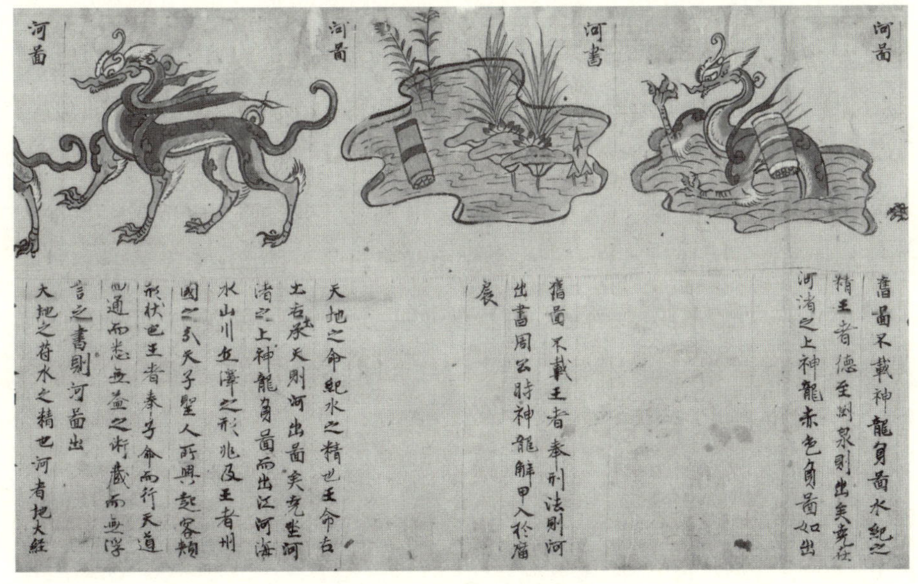

敦煌文书 P.2683《瑞应图》

---

① 《大唐故朝散郎前行太史监灵台郎太原郭府君塔铭并序》，录文见《唐代墓志汇编续集》，第 544–545 页。

② 《隋书》，第 505 页。

唐代天文生的来源主要是“当色子弟”，若本色内不足，则可从其他诸色人内简择。《唐会要》载大足元年（701）九月十九日敕：“在史局历生、天文观生等，取当色子弟充。如不足，任于诸色人内简择。”[1]可见唐代的天文学知识受到官方的严格管控，其生徒会尽量在本色中取任，即有家传学术或父祖在太史局任职者。但从相关文献的流布情况看，这些知识并非为官方所垄断，民间依然有修习者。而且唐代宗大历二年（767）正月曾下敕，称“艰难以来，畴人子弟流散，司天监官员多阙。其天下诸州官人百姓，有解天文元象者各委本道长吏，具名闻奏，送赴上都”[2]，可知安史之乱后的司天台出现了明显的人才匮乏情况，需要从民间搜罗相关人才补充，这也说明天文学知识在民间是有所流传的。而官方所取天文生“并取中男年十六以上、性识聪敏者”[3]为之，习业年限为八年，业成之日补天文观生。

唐代天文学的第二个方向为“历学”[4]。太史局要负责预造来年的历书，颁行天下，故设“司历”一职执掌国家历法的推算和制定。唐代的司历共二人[5]，从九品上，是继承隋制而来，但在品阶上稍有提升。隋代取《左传》旧名，将南北朝以降的“典历”改称“司历”，品阶为从九品下。值得注意的是，司历的主要职责是推算与制定历法，并不直接负责历学教育。隋唐时代的历学教育主要由“历博士”（保章正）负责，其远源为《周礼》的“保章氏”。“保章氏”掌星辰日月之变动，但秦汉以来并未设置此职，直到北周复古改制时，于春官府置太史，方设有“保章上士”“保章中士”之职。隋代时于太史下设“历博士”一人，正九品上，取代了北周的保章上士、中士。武周长安四年（704），改“历博士”为“保章正”，掌教历生，品阶也提升为从八品上。乾元元年（758），增置“五官保章正”五人。宝应元年（762），“保章正”减为二人。但无论是唐代前期的从八品上的“历博士”，还是中后

① 《唐会要》，第 796 页。

② 同上书，第 796–797 页。

③ 《天一阁藏明钞本天圣令校证（附唐令复原研究）》，第 374 页。

④ 按，中国古代天文学实际上是一个涵盖了天象观测、计时授历的多学科体系，“历”与“象”之间存在着紧密的交融与互动。

⑤ 按，乾元元年，改太史监为司天台，设“五官司历五人”，员额有所增加。

期的正七品的“保章正”，其品秩皆高于司历。可见，唐代官方对历学人才的培养十分重视。隋唐时期的历生共三十六人①，同流外，经八考后可入流。另有装书历生五人，应该是负责装订历书的流外之职，可能属于半工半读的性质。

唐代的历生与天文生一样，都应从“当色子弟”中简选。据《天圣令·杂令》所载，唐初历生“取中男年十八以上、解算数者为之，习业限六年成”②。但在实际操作中往往并非如此。据《大唐故秘阁历生刘君墓志铭并序》所载，墓主刘守忠出生于贞观十八年（644），卒于高宗咸亨五年（674），享年三十岁。从其志文“未越齠龄，先预玄文之赏”③的行文看，他大概七八岁时便入选为历生，时在永徽三年（652）前后。刘守忠的祖父为隋西平郡化隆县令，父刘捧曾任杞王府记室，刘氏家族并非具有历学背景的“当色”，但刘守忠依然在幼年时被选为历生，并且从墓志行文看，他幼年时并未表现出极强的数学天赋，这说明中下层官僚子弟充任历生可能是一种给予出身优待的惯例，这一惯例延续至晚唐。《唐故颍川陈府君夫人上谷侯氏墓志铭并序》作于咸通六年（865），墓主夫君为颍川县令，其长子即“应司天历生”。而执掌历生的历博士（保章正）则多选精通数理知识者充任，如玄宗时代的历博士潘智昭，他在幼年时就表现出在数学方面的天赋，“日诵万言，尤功书算”④。他还随侍僧一行左右，“掌历生事，习业日久，勤事酬功，授文林郎转吏部选”⑤，很有可能参与了《大衍历》的制作，由他来负责培养历生可谓人尽其才。

其三为“漏刻学”。漏刻是一种计时用器，漏壶中插有标杆，称为“箭”，箭上有刻度，当水从漏壶中均匀流出时，箭会随水位变化而反映时间变化。虽然漏刻专事报时，但汉代时就已提出“考星以漏”的说法，即以漏

① 按，乾元元年，天文观生、历生人数合计增加至七百二十六人，虽不详其比例，但历生的人数一定超过了三十六人之限。

② 《天一阁藏明钞本天圣令校证（附唐令复原研究）》，第 374 页。

③ 《唐代墓志汇编》，第 589 页。

④ 《唐故吏部常选广宗郡潘府君墓志铭并序》，墓志录文见《唐代墓志汇编》，第 1618 页。

⑤ 同上。

刻核对星度，故而它也属于天文学的范畴，且与历学关系密切。《周礼》有“挈壶氏”之官。汉代的漏刻之事由光禄卿负责，另有太子率更，掌知东宫漏刻。东汉时，因漏刻之器设于史馆候台，故太史亦执掌其事，魏晋之后多承此制。何承天于元嘉二十年（443）修成《元嘉历》，他正是以太子率更令、著作佐郎的双重身份领国子博士，并提出修历改漏的主张。南北朝时期，研究天文历法之学者甚多，故漏刻之法亦颇多，如祖冲之子祖暅著有《漏刻经》，北周尹公正、马显亦造有《漏刻经》，但并未设立专事漏刻教育的职官。隋代正式于秘书省太史曹设漏刻博士，招收生员。此外，负责出行警戒的右武侯将军，亦肩负管理漏刻生职责。右武侯府漏刻生的员额共一百一十人。此外，隋唐时期礼部祀部“掌祠祀、享祭、天文、漏刻、国忌、庙讳、卜筮、医药、僧尼之事”①，但应该只是承担日常行政，并不负责教学事务。

唐代的漏刻事务，主要由秘书省太史局下属的挈壶正负责，主要分为行政与教育两部分。挈壶正作为执掌漏刻事务的主官，官品为从八品下，共设员二人，长安四年（704）始置此官。在行政部分，挈壶正下属有司辰共十九人，正九品下，“掌漏刻事”②。隋代首置此职，仅二人，隋炀帝改为“司辰师”，本属右武侯府，大业三年（607）改隶太史局，唐代继之。久视元年（700），去“师”字称司辰。司辰之下又有漏刻典事十六人，乾元元年（758）增至二十二人，“掌伺漏刻之节”③。负责教育的则是九名漏刻博士。隋代的漏刻博士有品阶，但官品不详，唐代将其降为流外官。漏刻生共三百六十人，“习漏刻之节，以时唱漏”④，以中男、小男为之，即未成丁的男子，年纪较小者称为漏童。漏刻生、漏童梳总角髻，服青袴褶，分为四番上下。据《天圣令·赋役令》所载，漏刻生、漏童“并免杂徭”⑤。另《天圣令·杂令》

① 《旧唐书》，第1831页。

② 《唐六典》，第305页。

③ 同上。

④ 同上。

⑤ 《天一阁藏明钞本天圣令校证（附唐令复原研究）》，第273页。

中规定了漏刻生、漏童的具体年龄,“取十三、十四者充”[①]，十九岁放还。漏刻生成丁后可转补为典钟、典鼓，择选典钟、典鼓时应优先取旧漏刻生成丁者，由本司先统计所需人数，申报户部后，十二月一日集省分配。

（二）唐代太卜署与卜算之学

卜算即占卜算卦，今人视为迷信，古代则是国家重要事务之一。《周礼》中有太卜下大夫、卜师上士等职，又有龟人中士，前者以蓍卜，后者用龟卜。根据卜筮方法的不同，所设官职也不尽相同。秦汉时期，卜筮之事由太卜令、丞负责，汉武帝置太卜博士，东汉时隶属于太史之下。北魏有太卜博士之设，官品为从第七品下。北齐太常有太仆丞，北周官制复古，有太卜下大夫、小卜上士及龟占中士等官。隋唐太常寺下设有太仆署，设太卜令、丞。隋炀帝将太卜博士改为卜正，设员二十人，唐代因之，减为二人，同时保留了卜博士之职，与卜正同为从九品下。另有助教二人，品阶不详。

唐代的卜筮生共四十五人，隋代时分为卜生四十人、筮生三十人，唐代亦有可能进行了分别，但具体员额未有详载。卜筮生的选取方式及标准与天文生相同，取中男年十六以上、性识聪敏者，习业时间限定八年，业成之日可补卜师，卜师员额共二十人。据《天圣令》的规定，卜筮生初入学时，所行束脩一同于按摩、咒禁生例，即两人共绢一匹，并有酒脯。卜筮生与历生、天文生、按摩生、咒禁生、药园生等都属于半工半读性质的学生，分为三番上下。卜筮生成为卜师后，多数服务于宫廷内部。因为身份及职业性质特殊，唐代皇帝严禁卜者随意与外朝官及勋贵接触，但仍有不少卜者私下与权贵勋臣交好。

卜筮生由于修业时间较长，若以十六岁入学，则业成之日就已二十四岁，成丁数年间没有正式收入来源，家中还要负担人口税，这使得部分生徒更希望根据学成后实际年岁补录。《全唐文》收录有康子元《对习卜算判》一文，判词应为康子元所作的拟作，题为“赵丁年十八，弟乙年十六，并解

① 《天一阁藏明钞本天圣令校证（附唐令复原研究）》，第 374 页。

卜算。所司补丁为卜筮生，补乙为历生。诉称：历生六年满，兄年长易就；卜筮八年方满，弟年幼请更习业。所司不许，苦诉不伏”[①]。这个判词可能并不是某件真实发生的案件，但一定有所本，反映了时人对卜筮生、历生的难易比较。兄弟二人不满的原因是，兄长卜生业成之日已二十六岁，而其弟修习历学二十二岁时便可补选，这样安排不仅使得幼弟出仕早于兄长，有违长幼有序的社会认知，而且家庭压力也大。若调换一下，则二人可同时毕业以参加补选，减轻家庭负担。从这个角度看，由于卜筮生需要掌握多种占卜之法，如龟卜、兆卜、易占、式占等，并且需要根据不同的季节、时间，来安排卜算的方法，极为耗时。卜筮生所使用的教材应为各种杂占之书，敦煌遗书中可以见到部分遗存。

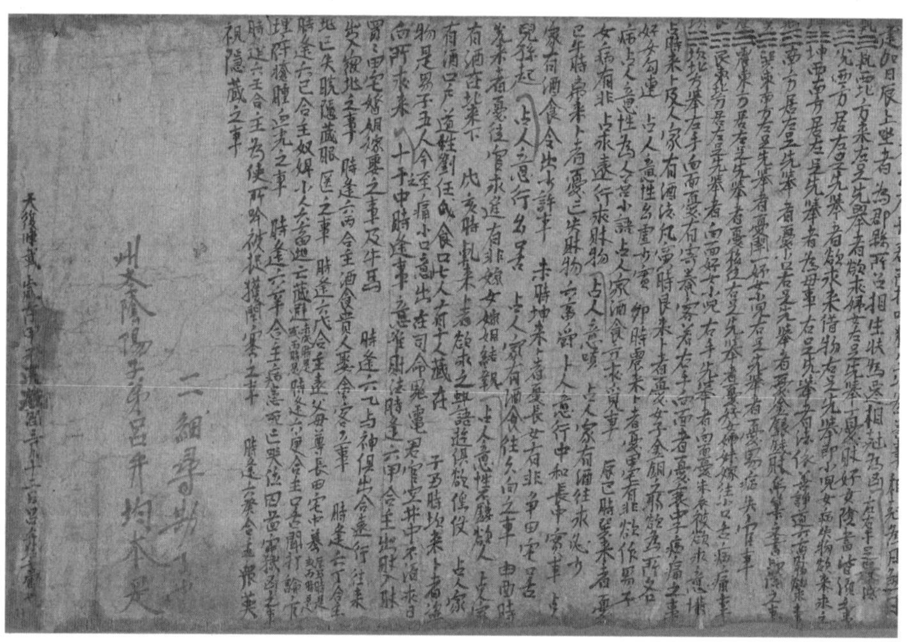

敦煌文书 P.2859《筮书》，末题“州学阴阳子弟吕弁均本，是一一细寻勘了也”

卜筮生在毕业后可选为卜师，此外太仆署还设有巫师之职。这些伎术官构成了唐代官方卜筮活动的主体。隋代太仆下还设有相师、相博士、相助教

① 《全唐文》，第 3554 页。

等。据《唐六典》《唐会要》《新唐书·百官志》所载，朝廷举行重大活动，诸如祭祀圜丘、举行战争等国之大事时，均由太仆署统筹实施占卜，确定吉日。具体次序是，在占卜前一日，由右校扫除太庙南门，搭建卜位。占卜日平明时分，太卜令、卜正、卜师（占者）穿戴公服，各就席次。占卜的主要形式是龟卜，太常卿在谒者的指引下登席，卜正抱龟甲祭奠于卜席西，灼龟后祭奠于卜席北，“执龟”者在卜席东北立，太卜令进受龟甲，向太常卿展示灼象，并由太常卿告知占卜的目的“皇帝来某日祇祀于某，尚飨”[①]。占卜的结果由占者进行解读，分别按照上、中、下旬的次序，对每旬进行一次占卜，若上旬不吉则依次而卜。如果是中祀以上，由太常卿亲自莅临监督；若为“小事、小祀”，则由太卜令监督即可。

可以想见，卜筮生作为伎术官群体的后备力量，必定在日常修读时就已参与到这些重大的占卜活动中了，他们可以随番上下、积功计劳而逐步升迁，在史籍中经常以“卜者”的面目出现。但是本色出身的卜筮生，最高只能担任太卜令。神功元年（697）十月三日敕明确规定：“自今以后，本色出身，……阴阳卜筮者，不得过太卜令。”[②]因此，唐代有不少卜筮生应是以代际传承的形式，世代服务于宫廷内部，其接受教育也应是在太卜署，他们既有家学的熏陶，又能得到官方的正规教育。如《大唐故段府君墓志铭并序》所载，墓主段廉的曾祖父段感，为“随太常寺太卜署丞”，其子段怀信继承父业，为唐“太卜令”。段廉本人则也继承了其家传学术：“府君弱冠孤贫，克己从道。情智云涌，心灵镜澈。式占玄奥，龟筮幽通。”[③]由于这些卜者多生活于宫廷内部，在与达官贵戚交往时多涉及宫闱秘事，甚至有人参与到夺位或谋反之事中。太宗将讨建成、元吉时，“遣卜者灼龟占之”[④]；长庆四年（824）四月十七日，染坊作人张韶与卜者苏玄明，于柴草车内藏兵仗，入宫作乱，而作乱的理由则是苏玄明曾为张韶占卜，占卜结果是张韶“当御殿

① 《唐会要》，第165页。
② 同上书，第1183页。
③ 赵君平、赵文成《河洛墓刻拾零》，北京图书馆出版社2007年，第231号。
④ 《旧唐书》，第2506页。

食”。由于占卜在唐人生活中占据着非常重要的位置，所以卜筮生的材料虽少，但他们作为卜者却活跃于历史的细节之中。

三、唐代官学系统中的乐学教育

（一）唐代太常寺的音乐教育

乐教本就是儒家传统教育中的重要一环。《乐经》本为六经之一，《礼记》有《乐记》之文，《尚书》中亦有“夔，命汝典乐，教胄子”的记录。由于礼乐能够起到稳定政局、教育国子以及歌功颂德等作用，因此历代统治者为兴乐而设置了各种制度，高度重视宫廷雅乐的制定工作。太常寺作为历代掌管礼乐事宜的最高行政机关，负责管理地位崇高的礼仪性音乐。唐代的音乐机构主要由太常寺下属的太乐署、鼓吹署，以及后来归入内廷管理的教坊、梨园构成。任半塘将后者的机构设置进一步细分为三种：一种是教坊系统，包含了教坊（太常所属）、云韶院（内教坊）、宜春院、左教坊、右教坊和仗内教坊；梨园系统则包含了禁苑梨园和宫内梨园；太常系统中则另有太常梨园别教院和梨园新院。朝廷雅乐主要由太常寺负责，其中太乐署掌雅乐，鼓吹署主要负责皇帝出行、朝会时所需的礼仪音乐。从功能上看，太常寺所属的机构主要负责祭祀礼乐以及部分伎乐，而教坊、梨园等则负责宴乐娱乐之需。

对于唐代而言，它还肩负着统一南北文化的重任。隋代虽已在开皇年间进行了一次论乐、定乐的讨论，但由于隋末纷乱的缘故，这一工作并未彻底完成。李渊在即位后曾任命祖孝孙为太常少卿，继续负责审音定乐的工作。此后，太宗、高宗、玄宗皆非常重视礼乐的建设，为了尽可能完备地修订雅乐，兼综南北之长，唐代官方从民间搜访了大量的前代佚乐以及会演奏这些乐调的乐工。这批掌握了雅乐、清乐演奏技巧与谱调的乐工往往归入太常寺的管理。从演奏和表演的内容来看，太常寺所管理的音乐类型十分繁杂，既有郊祀、庙祭之乐，也有用于仪仗、驾行的鼓吹乐，同时还有四夷乐和文、武舞等大型乐舞。开元二年（714）前，太常寺还承担着管理俗乐、散乐的职责。因此，太常寺所进行的音乐教育在内容上也十分丰富驳杂，涵盖了清乐、雅乐、四夷乐、鼓吹乐、伎乐等多种曲类。

唐代太常寺下设令署众多，主要由太乐署、鼓吹署负责乐工的培训工作。太乐署主管雅乐、燕乐以及对乐工的训练和考核，其中“太乐令掌教乐人调合钟律，以供邦国之祭祀、飨燕”①，太乐丞为之副。鼓吹署则负责军乐、卤簿等鼓吹类乐曲的培训与演奏工作。二署下属的各类乐人分别接受培训教育，他们在接受培训教育时是有时间限制的，即某种曲类、乐器必须在限定时间内学成，其具体时限如下表所示②。

唐代太常寺乐工受训曲类、时限

教育机关	曲类	时限
太乐署	雅乐大曲	三十日
	雅乐小曲	二十日
	清乐大曲	六十日
	清乐文曲	三十日
	清乐小曲	十日
	燕乐、西凉、龟兹、疏勒、安国、天竺、高昌大曲	各三十日
	燕乐、西凉、龟兹、疏勒、安国、天竺、高昌次曲	各二十日
	燕乐、西凉、龟兹、疏勒、安国、天竺、高昌小曲	各十日
鼓吹署	㭎鼓一曲（十二变）	三十日
	人鼓一曲	丨口
	长鸣（三声）	十日
	铙鼓一曲	五十日
	歌、箫、笳一曲	各三十日
	大横吹一曲	六十日

① 《唐六典》，第 402 页。

② 表格数据源于《唐六典·太常寺》相关记载。按，唐代的鼓吹曲按照种类可分为鼓吹部、羽葆部、铙吹部、大横吹部和小横吹部，现存曲目共 85 曲，《新唐书·仪卫志》有详细著录。本表主要关注乐工培训时间之限制，主要依据《唐六典》原文摘录。对其中同名曲类重复的部分，在缺乏更详细的文献资料背景下，无法做更详细的辨别分析。

（续表）

教育机关	曲类	时限
鼓吹署	节鼓一曲	二十日
	笛、箫、觱篥、笳、桃皮觱篥一曲	各二十日
	小鼓一曲	十日
	中鸣（三声）	十日
	羽葆鼓一曲	三十日
	錞于一曲	五日
	歌、箫、笳一曲	各三十日
	小横吹一曲	六十日
	箫、笛、觱篥、笳、桃皮觱篥一曲	各三十日

此外，太常寺还设有协律郎一职，协律郎负责监督太乐署、鼓吹署的教育成效，“凡大乐、鼓吹教乐则监试，为之课限”[①]。在考察演奏时，乐师必须按照“雅正中和”的标准予以评定，这也是协律郎监督考核的主要内容之一：“凡教乐，淫声、过声、凶声、慢声皆禁之。”[②]唐人演奏过程中所使用的各种曲谱，今天在敦煌遗书中尚可略窥一二。

太乐令、太乐丞在名义上承担着教导乐人的职责，实际可能更多地负责皇帝新造乐府的谱曲与教习。如南朝齐武帝布衣时常游樊城等地，自作《估客乐》一首，“使太乐令刘瑶教习，百日无成”[③]。太乐令之外，实际上肩负起教育功能的乃是太乐署中的八位“乐正”和“音声博士”。“乐正”品阶为从九品下，其来源是北周时依据《周官》设置的“乐师上士”和“乐师中士”，两者各一人。隋代时改称“乐师”，并将员额扩充为八人，另有“清商乐师”二人。炀帝即位后，统一将“乐师”改称“乐正”，员额增加到十人。唐代继承了“乐正”之名，人数再度减为八人。

---

① 《唐六典》，第 399 页。

② 同上。

③ 《旧唐书》，第 1066 页。

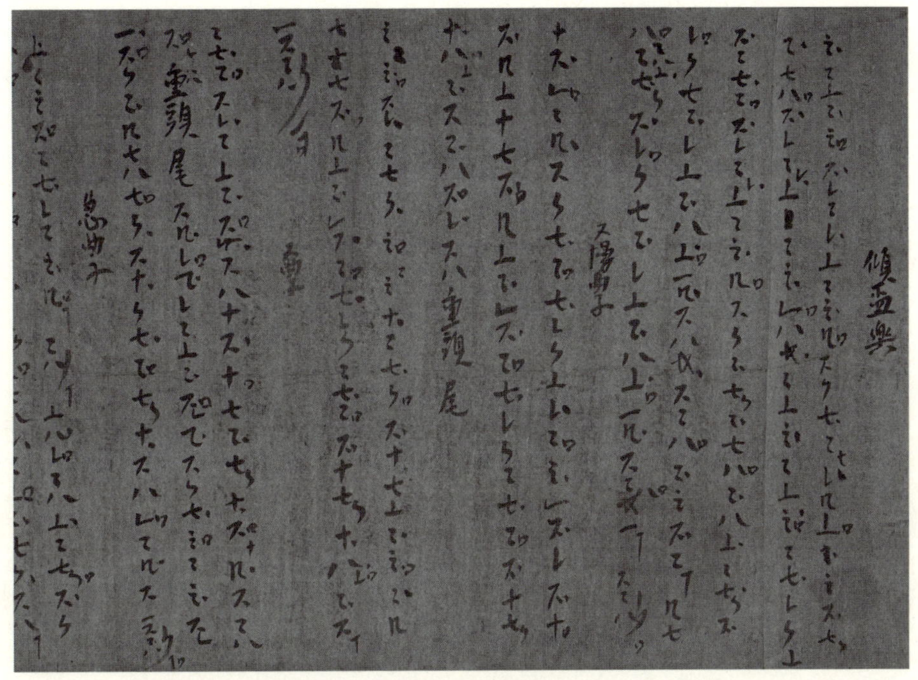

敦煌文书 P.3808《长兴四年中兴殿应圣节讲经文》背部曲谱

太乐署“音声博士”不见于新旧《唐书》职官志[①]，但《新唐书》《册府元龟》皆载韦万石任太常少卿时，曾奏请高宗称：“太乐博士弟子等有遭丧者，教习向成，一朝归家，随亦荒废。又此辈先无别业，虽放行服家舍，必更鬻伎乡闾，请百日之后量追赴上。”[②]《唐六典》“太乐署”条中也曾以小注的形式提及“诸无品博士随番少者，为中第；经十五年，有五上考者，授散官，直本司”[③]。可见，太乐博士可能是以“无品博士”形式的吏职存在的，故而《职官志》等史书中未曾列入。《唐六典》明确规定要对乐师（正）、博士进行考核：“凡习乐立师以教，每岁考其师之课业，为上、中、下三等，申礼部。”[④]即根据乐工的培养成效和乐师（正）、博士本人的演奏水平，对其

① 按，唐代内教坊亦有“音声博士”之职，为加以区分，故太乐署“音声博士”在史籍中多简称为“太乐博士”。

② 《册府元龟》，第 6541 页。

③ 《唐六典》，第 406 页。

④ 同上。

优劣予以评定，并根据评定结果黜陟升降。除每年的考核外，十年还需进行一次“大校”，如果考核不合格，“则又五年而校之”[①]。根据这一规定，乐师（正）、博士经过十五年考核后，有五次考核为上等者，可授予散官，并以本司直的形式继续留任太乐署[②]。乐工中考核优秀者，可进阶为师：“习业者亦为之限，既成，得进为师。”[③]而以“职事之为师者”，即以职事官的身份负责教习乐工的直太乐者，也要参加考核，并根据考核结果予以进退。

唐代的乐人在法律上分为三种不同类型，分别是太常乐户、太常音声人、太常杂户。其中乐户、杂户属于贱籍，地位低下；音声人可以入籍州县，但仍隶属太常管辖。乐人虽整体上地位较低，但也有因得到皇帝赏识而超拔为高官者，如武德元年（618）十月，“拜舞人安叱奴为散骑侍郎”[④]。李渊还曾于武德四年（621）九月下诏：“太常乐人，本因罪谴。没入官者，艺比伶官。前代以来，转相承袭。或有衣冠继绪，公卿子孙。一沾此色，累世不改。婚姻绝于士庶，名籍异于编甿。大耻深疵，良可矜愍。其大乐鼓吹诸旧乐人，年月已久，时代迁移，宜并蠲除，一同民例。但音律之伎，积学所成，传授之人，不可顿阙，仍令依旧本司上下。若已经仕宦，先入班流，勿更追补，各从品秩。自武德元年，配充乐户者，不在此例。”[⑤]实际上豁免了隋末唐初太乐署、鼓吹署中一批旧乐人的贱籍身份，允许他们重新隶属于民籍。并且，诏旨规定这批乐人中已经入流为官者，不得再追入太乐、鼓吹等司番上，相当于承认了他们的士流身份。值得注意的是，唐代“乐工之杂士流”的情况只是某些时期的特例，虽然“声伎入流”成为一种可能，但这类临时的法外施恩并没有彻底改变唐代乐工身份低下的现实，他们依然属于贱

---

① 《唐六典》，第 406 页。

② 根据《新唐书·百官三》的记载，对乐工的考核颇为严格，不胜任者需输资钱以充伎衣和乐器之用。博士教导，“功多者为上第，功少者为中第，不勤者为下第”，“十五年有五上考、七中考者，授散官，直本司，年满考少者，不叙”。并根据所教授音乐的难易程度，增减考核等第。

③ 《唐六典》，第 406 页。另外，据《新唐书·百官三》所载，乐工“业成”的标准是“得难曲五十以上任供奉者”，并且“习难色大部伎三年而成，次部二年而成，易色小部伎一年而成”者，皆入等第三为业成。这些“业成、行修谨者”，可为助教；博士空缺时，以次补任。

④ 《唐会要》，第 623 页。

⑤ 同上书，第 623–624 页。

籍。甚至《新唐书·百官志》记载："太常音声人，得五品以上勋，非征讨功不除簿。"[①] 也就是说，即使是得到军功的音声人也不能随意免除役使，只有征讨叛逆之类的大勋功方可脱籍。

唐代极盛时，隶属于太常的乐人、音声人、太常杂户子弟数量多达数万人。除了中央外，地方官府也管理着隶属于太常的乐户子弟，这批乐户安置在各州县的乐营中，其簿籍在地方官府手中，按时番上。在选拔乐工时，往往从这些乐户中选拔，如张三英，"许人也。家为乐工，系许乐府籍。伯姊季妹及英，悉歌舞縻于部内"[②]。依照神龙三年（707）敕，太常鼓吹、散乐之音声人，可免徭役杂科。但他们要承担宫内供奉、祭祀陈设、卤簿法驾等任务，甚至不得随意因事请假，以乾封元年（666）五月敕为例："音声人及乐户，祖母老病应侍者，取家内中男及丁壮好手者充。若无所取中丁，其本司乐署博士，及别教子弟应充侍者，先取户内人及近新充。"[③] 可见，唐代的音乐机关实际上是将这些乐工、音声人视为一种严格限制人身自由的奴仆来培养和使用的。他们在法律地位上虽接近良人，但依然无法与一般的民户相提并论。又因为培养乐工不易，且乐工属于随侍皇帝或达官贵人左右，是具有特殊技艺的群体，故而他们的生活待遇和实际地位要高于一般的官奴婢、杂户。有些乐伎甚至因为才艺出众而被贵戚勋臣纳为侧室，如杜牧《张好好诗》中便有所体现。但从张好好终被抛弃的命运看，这些乐工的人身自由依然无法得到保障。

（二）唐代教坊与梨园子弟

教坊和梨园是由宫廷管理的音乐机关。教坊是掌管教习音乐以及统领艺人进行俗乐、散乐、杂技等表演为主的机构。从其制度沿革看，武德年间，朝廷设立"内教坊"，归于中书省下，但"置于禁中，以按习雅乐，以中官

---

① 《新唐书》，第 1190 页。

② 《唐代墓志汇编续集》，第 1108 页。

③ 《唐会要》，第 628 页。

人充使”[①]。如意元年（692），武则天改“内教坊”为“云韶府”，至神龙年间复为教坊。开元二年（714），玄宗“又置内教坊于蓬莱宫侧，有音声博士、第一曹博士、第二曹博士”[②]。此“内教坊”与禁中的教坊并不相同，其人员由唐玄宗为藩王时所拥有的一部散乐组成。因平定韦后之难时，这批乐人颇有预谋者，玄宗特意设置于大明宫侧的东内苑中，属于政治酬庸兼有武力侍从的特殊机构，因此又称为“仗内教坊”。仗内教坊在元和十四年（819）时，由大明宫迁至外城的延政坊。除此之外，玄宗将太常所管理的教坊内的俳优、杂技等音声人集中起来，改称为“左、右教坊”，不再由太常管理，而是由中官负责。其官署机构在长安城内，左教坊在延政坊，右教坊在光宅坊。洛阳也有左、右教坊之设，但均在明义坊。因此，唐代的教坊一共有三类[③]，一是禁中所设的“内教坊”（云韶院、教坊），起初主要负责雅乐演奏，盛唐时则清乐、胡乐并习；二是大明宫侧的“仗内教坊”，由一部散乐构成；三是两京城内的左、右教坊，多为杂技、俗乐者。

教坊的编制主要由乐官、乐伎、乐工构成。唐代的教坊管理工作主要由教坊使负责。教坊使多由中官出身者担任，他们以武职身份兼充教坊使，或是在担任教坊使后转任武职。如宦者彭献忠，他是“建中三年入侍宫殿，德宗皇帝嘉其敏厚，器任异等”，“（贞元）二十年加正议大夫内侍省内侍，仍赐上柱国，充教坊使”，随即因帮助宪宗夺位“宣承卫翊戴之忠”，“元和元年封襄武县开国男，食邑三百户，充飞龙使，二年加忠武将军右武卫将军。三年授左神策军副使，加云麾将军”[④]。彭献忠担任的教坊使很有可能是仗内教坊使，因只有仗内教坊居于大内，能够在篡权夺位的关键时刻发挥作用。由于仗内教坊使的特殊地位，所以教坊使的人选除了中官外，还可以从心腹将领中直接选拔。如第一任教坊使范安及，以左领军中郎将的身份兼知教坊

① 《旧唐书》，第 1854 页。

② 《新唐书》，第 1244 页。

③ 此外，鼓吹署另有“教坊”之设；而从官女中选拔教习的教坊伎女，则统一安置在宜春院，这两者也属于广义上的教坊。特别是宜春院，它本就是教坊中的女伎头人所居之所。

④ 《全唐文》，第 6523 页。

使；另有苏日荣以“右武卫大将军，充仗内教坊使”[①]。除了教坊使外，教坊内的乐官另有副使、都判官、判官等，这些临时差遣多从乐工中选拔充任，并加以武职或职事身份，崔令钦的《教坊记序》亦云：“开元中，余为左金吾仓曹，武官十二三是坊中人。”[②]如云朝霞是一位非常出色的笛手，“新声变律，深惬上旨”[③]，深受文宗赏识，文宗欲令其以左骁卫将军兼扬州大都督府司马的身份，兼领教坊副使。教坊中负责教导乐伎的乐官，主要是音声博士和各曹博士。唐代的音声博士主要负责教导乐工乐器的演奏。

唐代的教坊汇聚了当时最优秀的乐工，乐工数量庞大，共有“散乐三百八十二人”，“仗内散乐一千人”，“音声人一万二十七人”[④]。内教坊乐工的简选除了由教坊使追入者外，还可以由博士、弟子自行申报，但需要缴纳一定的费用：“内教坊博士及弟子，须留长教者，听用资钱。倍其所留人数，本司量定申者为簿。”[⑤]玄宗为满足宫廷享乐之需，特地从教坊内选拔出色艺俱佳的伎女，安置在宜春院中，这是教坊中等级最高的女乐人。因为她们主要在皇帝面前和后宫之地表演，因此又被称为“内人”或“前头人”。内人本人居住在东宫内，其家属仍然居住在教坊中。得幸者谓之“十家”，数量约在二十人上下。她们颇受优待，不仅赐给宅邸、米粮等，而且每个月的二、十六日，其母亲、姊妹、婆母可以择一人获得皇帝的召见，甚至在生日时，其生母、婆母、姊妹皆可以获得皇帝的召见。但“十家”内人的总人数较少，表演时不足以撑起全场，其他乐人则由“云韶”补足。“云韶府”是内教坊的旧称，这批乐工又被称作“宫人”。她们的容貌不如内人，在身份标识上也与内人有别，内人可佩鱼，宫人则无。此外还有一部分平民女子可以被选入内教坊，她们主要是修习弹拨类乐器的演奏，“平人女以容色选入内，教习琵琶、五弦、箜篌、筝者”[⑥]，这批女伎被称为“搊弹家”。王建的《宫

① 《唐代墓志汇编》，第 1898 页。

② 任半塘《教坊记笺订》，中华书局 2012 年，第 2 页。

③ 《旧唐书》，第 4568 页。

④ 《新唐书》，第 1244 页。

⑤ 《唐会要》，第 629 页。

⑥ 《教坊记笺订》，第 18 页。

词》亦云："青楼小妇砑裙长，总被抄名入教坊。"[①]可见这些平人女凭姿色入选教坊是一种成例。但搊弹家的技艺却无法和教坊内的乐人相比。玄宗曾亲制《圣寿乐》，令教坊排演，"宜春院女教一日，便堪上场，惟搊弹家弥月不成"[②]。她们的教习工作除了由博士、"教头"（朋头）负责外，可能玄宗也参与其中。

唐代的梨园在功能上与教坊相似，除了为玄宗提供娱乐外，也是培养乐人的重要场所之一。《唐会要》："开元二年，上以天下无事，听政之暇，于梨园自教法曲，必尽其妙，谓之'皇帝梨园弟子'。"[③]相较于教坊，玄宗对梨园子弟的培养更为重视。这使得梨园成为一所由皇帝负责的，既有演出之职同时又兼顾培训教育的音乐机构。唐代梨园有三处，分别是禁苑梨园、宫内梨园和华清宫梨园[④]。梨园的组织架构与教坊相似，其人员构成也分为承担管理职责的乐官与普通梨园乐人两部分。梨园的乐官中，可考者有梨园使、梨园判官等职。这些职位皆由玄宗亲自任命，或择亲信大将，如任职右龙武军将军的李元琮，他受到玄宗、肃宗的信任，代宗即位后"进封凉国公，食邑三千户。品特进上柱国梨园使"[⑤]；或从得宠宦官中拔擢，如王文幹"锡以朱绂之荣，带以银璋之命，改梨园判官"[⑥]。因为梨园地处宫掖，因此梨园使、梨园判官多由宦者担任。而梨园的乐工则分属于不同的部，其组织形态可能与教坊的"曹""都"相似，各有部头、都知管理。如《新唐书》云"梨园法部，更置小部音声三十余人"。著名的"旗亭画壁"故事中，也"有梨园名部继至"等组织细节留存。钱易的《南部新书》载唐懿宗为调和乐人矛盾，在都知之上设置了都都知、都都统等职，这些都是梨园乐官中的中下层职位。

---

① 尹占华《王建诗集校注》，巴蜀书社 2006 年，第 522 页。

② 《教坊记笺订》，第 21 页。

③ 《唐会要》，第 628 页。

④ 按，也有学者如李尤白、岸边成雄等认为并不存在宫内梨园，所谓的"宫内梨园"指的是居于宜春北院的女伎，她们本身就是禁苑梨园的组成部分，只不过都是女眷，故而安排在东宫左近，便于皇帝随时召见。

⑤ 西安市文物稽查队《西安新获墓志集萃》，文物出版社 2016 年，第 64 号。

⑥ 《唐代墓志汇编》，第 2237 页。

梨园的乐工群体便是著名的“梨园弟子”，又称为“梨园供奉（官）”。其来源有两种：一种是《旧唐书》所云“玄宗又于听政之暇，教太常乐工子弟三百人为丝竹之戏”[①]，《新唐书》则具体指出为“选坐部伎子弟三百教于梨园”。另一种则是“宫女数百”，她们被安置于宜春北院，亦为“梨园弟子”[②]。他们的教授由玄宗亲自负责，因此相较于其他乐工而言，更能获得皇帝的赏识与喜爱。《旧唐书》云：“有一声误，玄宗必觉而正之，号为皇帝弟子，又云梨园弟子，以置院近于禁苑之梨园。”[③]除了玄宗外，梨园弟子中的佼佼者也会承担起教导的职责。如董氏，及笄之年入宫掖，因善于歌舞，德宗即位后“名达宸听，超自辈流，登于乐籍”，被选入教坊或梨园，“而罗袖时翻，授梨园之弟子。名居上品，时历六朝”[④]。董氏正是名登乐籍的女伎，很有可能正是出身于宜春院的梨园弟子，故而在表演之余肩负教导之责，时间跨度长达德宗、顺宗、宪宗、穆宗、敬宗、文宗六位皇帝。唐代梨园弟子虽无列入正史传记者，但知名者亦多见于唐人笔记、诗文中，如李龟年兄弟、雷海清、萧炼师、黄幡绰、骆供奉、公孙大娘、贺怀智、马千期、刘日进、南不嫌等。

唐代梨园演奏的乐曲主要为法曲，这是玄宗所酷爱的音乐。法曲本是隋唐大曲中的一个乐曲种类，它是一种由多种音乐形式组合而成的集合体。除了旧有的《凉州》《伊州》《甘州》等曲之外，玄宗本人也亲自制作了许多法曲。《旧唐书》：“玄宗又制新曲四十余，又制新乐谱。”[⑤]可以想见，梨园弟子们日常所接受的培训与教育，应多为此类新旧法曲乐歌。

---

① 《旧唐书》，第 1051 页。

② 《新唐书》，第 476 页。

③ 《旧唐书》，第 1051 页。

④ 《唐代墓志汇编》，第 2174 页。

⑤ 《旧唐书》，第 1052 页。

第五章　两所特殊的贵族学校：弘文馆与崇文馆

一、弘文馆、崇文馆制度渊源

唐代官方设立了两所贵族学校，即弘文馆与崇文馆，分设于门下省和东宫，为皇帝和太子服务。关于弘文馆的历史沿革，《唐六典》言之甚详："后汉有东观，魏有崇文馆，宋元嘉有玄、史二馆，宋太始至齐永明有总明馆，梁有士林馆，北齐有文林馆，后周有崇文馆，或典校理，或司撰著，或兼训生徒，若今弘文馆之任也。"[①]唐高祖武德四年（621），于门下省首置修文馆。武德九年（626），改为弘文馆。太宗即位后，在弘文殿取四部群书二十万卷，将弘文馆移至殿侧，方便校理图书。神龙元年（705），为避孝敬皇帝李弘讳，改名昭文馆。神龙二年（706）又改为修文，景云二年（711）复改为昭文。开元七年（719），玄宗改为弘文馆，此后名称不再发生变化。

崇文馆始于曹魏时期，魏文帝招"善属文"之士，始置崇文馆。王肃以散骑常侍领崇文馆祭酒，此后无闻再设。梁代设有东宫学士省，为东宫安置文学侍臣之所。陈代，东宫亦曾设有义省学士，掌宣太子令旨、东宫内外启

---

① 《唐六典》，第254页。

奏。北周则设麟趾殿学士，时人曾称为“崇文之馆”，但麟趾殿更类似于秘书监，与专职服务太子的崇文馆并不完全相同。据《新唐书》所载，唐代的崇文馆设于贞观十三年（639），始名崇贤馆，是专为太子服务的学馆。然据《颜勤礼神道碑》所载，颜勤礼在贞观七年（633）时已“加崇贤馆学士”，那么崇贤馆所建时间必定早于贞观七年，《新唐书》所记时间可能有误。高宗显庆元年（656），应皇太子李弘的请求，崇贤馆广置学士，招收生徒二十员。上元二年（761），为避讳章怀太子李贤，改名崇文馆。

弘文、崇文二馆在功能上有相似之处，《唐六典》云弘文馆学士“掌详正图籍，教授生徒”[①]，崇文馆学士“掌刊正经籍图书，以教授诸生”[②]，并且学士有参议“朝廷制度沿革、仪礼轻重”[③]的权力。由此可知二馆的功能主要有三项，一是校理图书；二是教育生徒；三是咨政参议。从历史沿革看，弘文馆的功能是不断拓展增加的，其教育功能直至贞观三年（629）后方才确定。武德四年（621）初设修文馆时，是以整理图书典籍为主要功能。贞观元年（627），太宗下诏令“诏京官职事五品已上子嗜书者二十四人，隶馆习书，出禁中书法以授之”[④]，并以虞世南、欧阳询为师，教习楷法。其后，黄门侍郎王珪奏请学生于学书之暇，兼习经史。太宗敕太学助教侯孝遵授经、著作郎许敬宗授史。贞观三年，王珪正式奏请于弘文馆设“讲经博士”，以考试生徒经业，学生也可参加贡举。至此，弘文馆的教育功能方才完全确定。崇文馆的初置目的较为纯粹，它本来就是太子学馆，自贞观中至显庆元年（656）间，崇文馆只服务于太子一人。显庆元年后，应太子李弘之请，方才招收生徒，将生徒员额予以固定，可见崇文馆教育服务的对象是逐步扩展的。

据《唐六典》载，弘文馆设于门下省，由给事中一人常判馆事，弘文馆图书缮写、校雠的相关成果，亦由给事中负责课察。贞观年间，褚亮检校馆

① 《唐六典》，第255页。
② 同上书，第665页。
③ 《新唐书》，第1209页。
④ 同上。

务，学士号为“馆主”；武后垂拱年间，以宰相兼领馆务，故宰相亦有“馆主”之称。中宗朝之后，弘文馆的职官由大学士、学士、直学士、直馆、校书郎组成。仪凤中还曾设详正学士之职，后罢废。另有令史、典书、楷书手、搨书手、供进笔、笔匠、熟纸装潢匠、亭长、掌固等流外吏职。弘文馆诸学士无员额，皆由他官充任。校书郎掌校理典籍，刊正谬误。崇文馆设于东宫左春坊，归于太子司议郎之下。崇文馆亦有学士、直学士等员，但不常设。另有校书二人，本名雠校，开元七年（719）改为校书。弘文馆学生的教授与考核办法，与国子学相同；崇文馆生徒的课试、举送方法，一如弘文馆。

二、两馆职官与学士群体

弘文馆、崇文馆的学士、直学士的员额不固定，多以他官兼任，“皆妙简贤良为学士”①。学士、直学士的区别由其本官品阶而定，五品以上称为学士，六品以下为直学士。这里的五品、六品既可以是职事官品阶，也可以是散官品阶。出任学士者多不在本司任职，而是进入弘文馆校理图书、教授生徒、参与朝议。从官品序列上看，两馆学士、直学士并不是具有品阶的正式职官，而是一种临时的使职差遣，因此需要通过借品的方式以给予俸禄、赐会等各种待遇。

两馆诸学士是一种荣誉性极强的临时任命，学士群体作为国家专设贵族学校的教师，由于教授对象的特殊性，使得其选拔门槛较高。入选者多为名望才学、德行文辞兼备者，如李善、虞世南、徐齐聃、崔融、杨炯、李峤、崔湜、马怀素等。从入选者来看，除了硕儒耆老外，擅长文学创作的诗人名家与文章巨擘也是皇帝简选时主要考察的对象。杜牧在《杨知退除郓州判官薛廷望除美原尉直弘文馆等制》中点明了弘文馆学士的简拔标准：

① 《唐六典》，第 254 页。

“若非名士，固不与焉。”[①] 这些学士、直学士文行温雅、才学声华，堪称道德学问之典范，因而受到皇帝、太子的礼遇。唐代皇室对授任者的要求相当之高，但皇帝并不直接插手其选任，而是由领馆务的馆主宰臣负责。这些选入两馆的学士、直学士、直馆等人才，多因身怀才艺、名高当代而受到宰相的赏识，进而推荐给皇帝、太子。值得注意的是，学士自身所带官品并不是区分学问高下的标准，只是俸禄待遇的依凭。因官位的高低并不是选任学士的主要因素，所以唐代多有京畿县尉、王府参军等下层职官选为馆臣者，如康国安、尹深源等；甚至有白身直弘文馆者，如太宗朝的郭正一、吕才、孟利贞等。

弘文馆初设之时，学士、直学士与“直弘文馆”并无高下区别，其所承担的责任是相同的，即整理图书、教育子弟、参与朝议。尤其是下层官僚与白身者，他们既有可能担任直学士，也有可能先以直馆的身份入馆，然后再补授官职。这一制度设计的本意是博取贤才、尊贤并举，但行政系统在发展过程中逐渐演化出具有高低区分的阶层形式，尤其是在涉及行政管理等日常庶务时。景龙二年（708），唐中宗下诏重振弘文馆，新设“大学士”之职，加上原有的学士、直学士与直馆，两馆学官似乎也有了品第高低。其中，大学士多由三品以上官员充任，实际上是将垂拱年间实行的以宰相兼领馆务的制度，通过三品兼大学士的形式固定下来。如中宗时的李峤、宗楚客、赵彦昭、韦嗣立四位弘文馆大学士，除了韦嗣立职官为从三品的太府卿外，其他三人皆为“同中书门下三品”的宰相。唐代中期以后，以宰相兼任弘文馆大学士成为定例，并一直延续到宋代。除了设置大学士外，中宗还根据阴阳四时理论，对大学士、学士、直学士的员额进行了增设，其中大学士共四员，学士共八员，直学士共十二员，分别代表四时、八节、十二时，合为二十四节气。但上述制度设计在执行过程中时断时续，历代皇帝多根据实际需要随时增减，学士群体内部也并不全然认可“大学士”之称。张说加集贤院“大学士”时，便曾力辞之。《唐会要》云：“（开元十三年，改集仙殿丽

① 吴再庆《杜牧集系年校注》，中华书局 2008 年，第 1098 页。

正书院为集贤院。）初以张说为大学士，辞曰：学士本无‘大’称，中宗欲以崇宠大臣，景龙中修文馆有‘大学士’之名，如臣岂敢以‘大’为称。上从之。”[①]唐德宗时，李泌亦曾引张说故事，主动辞去崇文馆“大学士”之称。但张、李二人是特例，他们的推让与当时的政治环境有关，而以宰相加大学士兼领馆务的制度则一直延续至五代时期。

在弘文馆的组织模式中，馆内事务主要由学士担任的馆主负责。唐太宗在弘文馆学士中选拔一人“检校馆务”，称之“馆主”。太宗时由褚亮、褚遂良先后担任馆主检校馆务，高宗、武后时由刘祎之、范履冰相次担任。武后执政后期，朝廷各派势力倾轧激烈，弘文馆学士因陷入政争而遭到贬谪者颇多，耆儒文人皆难逃其厄，神龙政变前后竟无一名学士在馆。由于学士不足，无法任命馆主，宰相只得令给事中一人“判馆事”，这种临时安排后来逐渐变为常态。景龙二年（708），中宗复引名臣入馆担任学士，增置学士员额的同时，趁机对弘文馆的行政架构进行了重理，宰臣以大学士的身份兼领馆务。值得注意的是，宰臣虽在名义上兼领馆务，然分身乏术，无法专门处理弘文馆庶务，实际上仍由判馆事的给事中负责处理馆内日常行政事务。开元二年（714），玄宗令学士一人“专判馆事”，原判馆事的给事中改为“差知勾当”，即充任勾检官。

除了学士、直学士外，弘文馆还有“雠校错误”（后改为“校书郎”）、详正学士、校理等职，以整比馆内图书；另有负责教学的直馆、讲经博士等。长庆三年（823）七月，弘文馆奏称这些职官名目繁杂而职守相似，恳请统一馆内职官之设：“……虽职事则同，名目稍异，须有定制，使可遵行。今请准集贤、史馆两司元和中停减杂名目例。其登朝五品以上，充学士；六品已下充直学士。未登朝官，一切充直宏文馆。其余并请停减。”[②]穆宗随即批准了这项改革。也就是说，长庆三年之后，弘文馆只有学士、直学士及直馆三类。其中，朝官五品以上者称学士；朝官六品以下则为直学士；非朝官者，如地方参曹等，一律以直馆的身份入馆工作。

---

① 《唐会要》，第 1119 页。
② 同上书，第 1116 页。

崇文馆的行政架构完全仿效弘文馆，亦设有大学士、学士、直学士、直馆、校书等职。同样由宰相出任大学士，兼判馆务。崇文馆学士的职责与弘文馆相似，即校勘图书、教授胄子。但崇文馆既为东宫之学馆，则其校勘之经籍只是东宫藏书。此外，崇文馆学士虽无法像弘文馆学士那样直接侍从皇帝，但仍有参议国政的权力。他们以东宫僚属的身份陪侍太子左右，既起到辅弼储君的作用，又能帮助国家处理疑难问题。如杨炯，“幼聪敏博学，善属文。神童举，拜校书郎，为崇文馆学士。仪凤中，太常博士苏知幾上表，以公卿已下冕服，请别立节文。敕下有司详议，炯献议曰……”[①]；崔融，“应八科举擢第，累补宫门丞，兼直崇文馆学士。中宗在春宫，制融为侍读，兼侍属文”[②]，“开耀元年四月十一日敕，……集京官九品已上详议。崇文馆直学士崔融议曰……”[③]。值得注意的是，崇文馆学士并不能直接以老师的身份教授太子。太子名义上的老师只有三师、三少，但“三师、三少官不必备”[④]，常阙员不置，故由部分学士以“兼太子侍读”“兼侍读”或“侍皇太子讲”的身份肩负起教育储君之责。若储君能够顺利登基，这些侍读的学士则有机会成为执政宰臣，如来济、李敬玄、李义府、杜正伦、刘祎之、祝钦明、裴耀卿等。

唐代前期，皇帝极为重视崇文馆的建设，多精选硕学儒臣以充实东宫僚属。唐太宗时期，共有十四位崇文馆学士，他们多是当时知名的学者，儒术专精，兼通史传，其中有四人后来成为宰相。高宗在为太子选拔学官时更重视文学之能，其所简任的崇文馆学士中，不乏董思恭、胡楚宾、杨炯、崔融、徐齐聃、邓玄挺等知名文士，但后来出任宰相者较少，仅有刘祎之拜相，这与高宗朝储君地位不稳有较大的关系。此外，高宗朝的崇文馆学士有直接从教育系统选拔者，如令狐德棻、赵弘智以国子祭酒的身份担任学士，刘伯庄以国子博士的身份选任，郑祖玄以太学助教入崇文馆。曾经担任过崇

---

① 《旧唐书》，第5000页。
② 同上书，第2996页。
③ 《唐会要》，第1335页。
④ 《唐六典》，第661页。

文馆学士之职者，也有可能进入国子监担任学官，如沈伯仪终官国子祭酒，崔融为国子司业，康国安为太学博士等。武后朝的崇文馆建设陷入低潮，武后本人对于立储问题的纠结与排斥，使她在简选学士时颇为随意，除了王元感、周思茂、路敬淳、祝钦明为知名学者外，其他学士皆籍籍无名之辈。自唐睿宗后，崇文馆的建设又再次回到正轨。但玄宗对太子、诸王管束颇严，禁止王公与外臣交往，因此东宫僚属也变成了安置养老官员的闲散之地。玄宗对崇文馆学士、直学士的简选并不重视，以李林甫、杨国忠等人出任大学士，不排除玄宗有以宰臣监督太子、限制储君权力的意图。唐代中期的崇文馆基本上延续了玄宗以后的政治格局，以宰臣兼领崇文馆大学士。德宗贞元八年（792）四月，“崇文馆宜令左春坊勾当”[①]，即由左庶子勾知馆内事务，其形式与给事中勾知弘文馆相同。

唐代崇文馆学士、直学士是为东宫太子提供学术咨询、参议国政而设置的，其人员简选与弘文馆有所不同，大多数本就是东宫僚属，如太子典膳丞李延寿、太子司议郎来济、太子舍人李义府、太子洗马秦景通、太子右庶子杜正伦、太子率更令萧钧、太子内率府录事参军李善等。除了“专精儒业”“以文藻知名”的儒臣、文士外，还有一些能人异士被招徕入内。如擅长谈谐嘲咏、玄象炼丹之术的王琚，他因占卜言说天时人事之能，在太平公主与玄宗争权的关键时刻，能为玄宗出谋划策，“奏授詹事府司直、内供奉兼崇文学士”[②]。

总体而言，两馆学士的主要任务是辅佐皇帝、太子，在重大问题上参与朝政讨论，在治学求道上使两馆生徒有所进益。他们中有的人擅长修史，如著有《帝王编年录》五十一卷、《共和以来甲乙纪年》二卷的卢元福。有的则精于儒业，善论难、讽咏，如马嘉运、许叔牙。这些学士基本上囊括了当时最优秀的学者、政治家，包含了经史文艺、阴阳书法、天象四时等多种学问在内。因此，在诸如建造明堂等重大问题上，高宗下敕令诸官讨论其制度，其中便包含了两馆学士：“宜令所司与礼官学士等考核故事，详议得失，

① 《唐会要》，第 1118 页。
② 《旧唐书》，第 3250 页。

务依典礼，造立明堂。庶旷代阙文，获申于兹日；因心展敬，永垂于后昆。其明堂制度，令诸曹尚书及左右丞侍郎、太常、国子秘书官、弘文馆学士同共详议。”①

三、弘文生、崇文生的简选

唐代的弘文、崇文馆生徒基本皆出自高门勋贵之后，主要依据父祖官位高低而定。至玄宗朝，其简选规则已统一为“皇宗缌麻已上亲，皇太后、皇后大功已上亲，散官一品、中书门下三品、同中书门下平章事、六尚书、功臣身食实封者，京官职事正三品、供奉官三品子·孙，京官职事从三品、中书·黄门侍郎子，并听预简，选性识聪敏者充”②。存世文献中可知者，如裴行俭、徐齐聃、裴炎、崔植（崔祐甫嗣子）、房琯、薛元超、崔泰之、韩洄（韩休子）、孙视（孙逖子）、张捍（张九皋子）、于知微（于志宁孙）、韦翘（韦抗子）、杨仲昌（杨元琰子）、岑植（岑参父）、张忱（张公瑾孙、张大象子）、屈突伯起（屈突通孙）、颜觐（颜惟贞子）、韦最、陆振、张愃、韦济、陈如、马署（马璘子）、郑淮、杜义符、李位、李顼等皆出身弘文馆。

从唐代弘文生简选的实际情况看，其简选标准是逐步完善的。唐初，弘文生徒不一定是依据父祖的当代官秩入选，前隋乃至北周的官品依然有效。如裴行俭“幼以门荫补弘文生。贞观中，举明经，拜左屯卫仓曹参军”③，他是裴仁基的次子，裴仁基隋代时就以征高丽之功，进位从二品的光禄大夫。裴仁基降于王世充后，被恭帝杨侗署为礼部尚书，武德年间追赠持节原州都督，故其子能以“门荫”资格进入弘文馆学习。此外，从《旧唐书》本传的行文来看，裴行俭进入弘文馆时，弘文馆可能尚未按照王珪的建议进行教学内容和方法的改革。他在馆期间主要学习的是书法，兼及其他杂学。高宗

① 《旧唐书》，第 853 页。
② 《唐六典》，第 255 页。
③ 《旧唐书》，第 2801 页。

曾赐其绢素百卷，“令行俭草书《文选》一部”[①]，获得高宗的赞美；裴行俭还撰有《草字杂体》等书法专著，可见其在弘文馆所接受的主要是书法教育。[②]而唐太宗初次在弘文馆招生时，其标准除了“诏京官职事五品已上子嗜书者”外，还有“勋贤三品已上子孙”[③]。裴行俭除了满足“嗜书”的条件外，其能入选可能还是与裴仁基的隋代高品散官、尚书职官及其反抗王世充而殒身受嘉奖的经历有关。

徐齐聃与裴行俭进入弘文馆的时间大致相同，他“八岁能文，太宗召试，赐所佩金削刀。举弘文生，调曹王府参军”[④]，他与裴行俭的相同之处在于，除了以父祖的前代官秩为依凭外，还与皇室有姻亲关系，但其姑徐贤妃品秩并不满足后来设定的“皇太后、皇后大功已上亲”的标准。徐齐聃与裴行俭的不同之处在于，他是因为擅长文学创作被召入弘文馆的。因其文学技能高超，他还被简选为陪伴太子、诸王读书作文的侍读之师，“齐聃善文诰，帝爱之，令侍皇太子及诸王属文”[⑤]。他本身在进入弘文馆前就已具备了一定的文学才能，因而简在帝心，招徕进入弘文馆继续深造。

裴炎大约于贞观晚期或永徽前期进入弘文馆学习。裴炎的父祖情况史无明文，《新唐书·宰相世系表》载裴炎一支出自洗马裴氏，其曾祖裴义同曾居官鸿胪卿，但其祖父裴仁素则无官职记载，其父裴大同为洛交府折冲都尉。另据裴滔所撰《裴氏世系源流考》载，裴义同为北周鸿胪卿，裴仁素未仕，裴大同则为洛交府折冲、凤州刺史[⑥]。其父祖官秩较低，裴炎补为弘文生应是受到曾祖的荫庇。也正是因为家世背景无法与他人相比，故其馆内求学更为

---

① 《旧唐书》，第 2802 页。

② 除此之外，裴行俭还具有很高的文学才能，著有文集二十卷。他的父亲裴仁基是武将出身，他的文学能力可能得益于其弘文馆的求学经历。

③ 《贞观政要集校》，第 375 页。

④ 《新唐书》，第 5661 页。

⑤ 同上。

⑥ 按，裴滔一文为裴氏族谱刊刻为碑后所保存，该碑是在金大定十年所刻《裴氏相公家谱之碑》的基础上综合整理而成的，清咸丰七年闻喜县裴柏村裴氏合族仝立。该碑现置于山西省闻喜县裴柏村“裴氏碑廊”内，保存完好。碑文录文见马金花编著《山西碑碣续编》，三晋出版社 2011 年，第 189–203 页。

刻苦，学馆休息的假日亦不废学，“有司欲荐状，以业未就，辞不举，服勤十年，尤通《左氏春秋》。举明经及第”[①]。从裴炎的经历来看，此时的弘文馆不仅有了考核学业的相关制度，而且对勤学的生徒亦能公平拔擢。

由于弘文、崇文生选取的基本上都是贵胄子孙，这些高官子弟所能获得的教育资源远大于一般的士族和寒素子弟，这使他们在进入弘文馆前就获得良好的教育。如于知微，永徽元年（650）补为弘文生。其父于立政本身就是国子司业，因此于知微幼年就接受家族的严格教育：“包括艺文，□词场而独步。”[②]他被选为弘文生后，不愿就学入馆，因此高宗特地下诏允许他在家修习。与其相类似者，还有房琯。房琯为则天朝宰相房融之子，“琯少好学，风仪沉整，以门荫补弘文生”，但房琯并未在馆就读，而是“与东平吕向于陆浑伊阳山中读书为事，凡十余岁”[③]。可见，二馆生徒在入学后也存在一定的优待，他们中的部分人可以倚仗家学藏书而不就馆入学。

由于弘文、崇文生数量有限，而每年求补为二馆生徒者甚众，因此礼部在选拔时应该也会经过一番考核。只不过这种选拔存在徇私舞弊的空间，如杜鸿渐之子杜封，以宰相子的身份“求补弘文生”[④]。宰相杨炎因出身杜氏门下，因此特意向礼部侍郎令狐峘请托。令狐峘假装应许：“相公诚怜封，欲成一名，乞署封名下一字，峘得以志之。”[⑤]但转头就以杨炎亲封的文书向德宗申诉，最终因德宗偏向杨炎而被贬为衡州别驾。之所以出现这种情况，一方面是因为令狐峘、杨炎两者之间的私怨，一方面则是因为二馆生徒的名额与简选规则日趋严格。《通典》所载两馆招生制度，与玄宗朝并无明显变化。这说明杜佑所处的德宗朝依然延续着盛唐以来的招生标准，所选生徒依然以皇亲贵胄、高级京官子弟为主，且数量有限。由于求取人数过多，贞元四年（788）甚至规定“先补皇缌麻已上亲，及次宰辅子孙”[⑥]。这一规定至晚唐时

① 《新唐书》，第 4247 页。
② 陈尚君《全唐文补编》，中华书局 2005 年，第 352 页。
③ 《旧唐书》，第 3320 页。
④ 同上书，第 4013 页。
⑤ 同上。
⑥ 《唐会要》，第 1403 页。

有所放松，《新唐书·选举志》："凡弘文、崇文生，皇缌麻以上亲，皇太后、皇后大功以上亲，一家听二人选。职事二品以上、散官一品、中书门下正三品同三品、六尚书等子孙并侄，功臣身食实封者子孙，一荫听二人选。京官职事正三品、同中书门下平章事、供奉官三品子孙，京官职事从三品、中书黄门侍郎并供奉三品官、带四品五品散官子，一荫一人。"① 补选条件中从荫子孙扩大到宰臣、尚书等高品官员的子侄，允许带四品、五品散官的职事官荫子入学，同时还扩大了补选参选的人数，允许一家听二人选。但实际上招生人数则有所减少，文宗太和九年（835）将弘文馆的生徒缩减至十五人："其宏文馆学生见定十六人，今请减下一人。敕旨：依奏。"②

二馆生徒之所以受到如此追捧，是因为入学者皆为贵戚子弟，不学无术者亦为数不少，但在考核和出身方面都有一定的保障。玄宗曾在天宝十四载（755）下诏，弘文馆学生"自今以后，宜依国子监学生例帖试，明经、进士帖经并减半，杂文及策，皆须粗通，仍永为恒式"③，他之所以对弘文馆学生有如此要求，也是因为之前惯行生徒"多有不专经业，便与及第"的情况。为了提高弘文馆生徒的修业质量和学习水平，他特意要求弘文馆生徒与国子监学生一例考试通过后方可给出身，但其标准依然可谓宽厚，只需"粗通"即可。在玄宗的要求下，开元天宝年间的弘文馆生徒保持了相当的学习热情，经常有苦读至深夜的情况。开元二年（714），玄宗敕曰："情愿夜读书，及写供奉书人、拓书人，愿在内宿者，亦听之。……其学生既在馆宿，博士及直馆，每夜各一人递直。"④这与前举裴炎假日苦读的例子刚好相互印证，可以看出当时弘文馆的学习氛围是十分浓厚的。但随着时间的推移，唐代中后期弘文馆生徒的人数与质量皆有所下降。这主要是由于科举发展的深入，选官的竞争也越来越激烈，为了照顾两馆生徒，进一步放松了对其学业的要求，只要补录进入二馆者就能取解，以至于两馆生徒中出现了冒名顶替的现

① 《新唐书》，第 1173 页。
② 《唐会要》，第 1403 页。
③ 同上书，第 1402 页。
④ 同上书，第 1115 页。

象："比闻此色，幸冒颇深，或假市门资，或变易昭穆。……未补者务取阙员，已补者自然登第，用荫既已乖实，试艺又皆假人。"[①] 因此，广德元年（763）、贞元六年（790）都有对弘文馆生徒考试严格要求的诏敕发布。其中值得注意之处在于，皇帝对"帖经"的要求较为放松，但对"杂文"和策论颇为用心，这说明随着进士科影响的扩大，弘文馆生徒日常学习的文章主要是诗、赋一类的"杂文"和科举常见的策文。

崇文馆开始教授生徒的时间要晚于弘文馆，它最早设置于贞观十三年（639）（时称崇贤馆），而招收生徒则在显庆元年（656）。《新唐书》云："显庆元年，置学生二十人。"[②] 上元二年（761），崇贤馆改名崇文馆。崇文馆的规模要小于弘文馆，学士仅有二人，校书郎二人。上元二年改名后，有学士、直学士、校雠等职，皆无常员，仍以他官兼任。乾元初，以宰相为学士，总馆事。这才稍稍提升至弘文馆的规格。但实际上，中唐之后的崇文馆无论是在地位上，还是在招生规模上，都是在持续萎缩的。这与玄宗朝之后，历代帝王持续性削弱储君地位有关。德宗贞元八年（792），生徒人数减至十五人，实际上还是稍逊于弘文馆。现存文献中可考者，崇文生出身的有李思训（李林甫伯父）、郭揆（郭虚己子）、薛謇（薛绘孙、薛承矩子）、王俊（王上客孙）、徐秀（徐昕子）、窦说、柳成、颜克明、孙成、李翼、秦宗畅、秦儒衡等人。李思训是唐初著名的山水画家，开创了青绿山水画的北宗一派，补选入馆是凭借宗室子弟的身份。其祖父李叔良为高祖从弟，武德元年（618）封长平王。王俊"工为文，始以崇文生应深谋秘策，考入上第，拜监察御史"[③]，可见入选的部分崇文馆生徒还是具有一定的学识才能的。徐秀是上述崇文馆各生徒中文采最为出众者，他十五岁应举，以《东堂画壁赋》折服了当时的文坛领袖沈佺期，被擢为高第。此外众人皆无明显的才学文名见于史册，应多以门荫入馆。此外，崇文馆招收生徒时，还有一些特殊的情况，比如东宫僚属的子弟会优先择取，《唐会要》云："其东宫三

---

① 《唐会要》，第 1403 页。

② 《新唐书》，第 1294 页。

③ 陶敏、陶红雨《刘禹锡全集编年校注》，中华书局 2019 年，第 2142 页。

师三少、宾客詹事、左右庶子、左右卫率，及崇贤馆三品学士子孙，亦宜通取。”[①]

四、弘文生、崇文生的日常测验与最终考核

二馆生的具体考核方式，可参见《唐六典》《新唐书·选举志》等文献，以《唐六典》所记最详。《唐六典》相关内容，可见于三处。一是“吏部”条，一是“礼部”条，一是“门下省弘文馆学士”条，三者文字略有出入。结合敦煌文书 S.3375 所记载的永徽二年（651）的学业考核规定，可大致推演出唐代前期二馆生学业要求规定的演变轨迹。

《唐六典》“吏部考功员外郎”条主要记录的是开元二十四年（736）之前考功员外郎所负责的“贡举”要求。该条例举了诸州每岁所贡的六种贡人，即秀才、明经、进士、明法、书、算，并明确了考核的内容及等第。至于弘文、崇文生则“各依所习业随明经、进士例”[②]，即考核方式依照明经和进士的通例。但二馆生由于资荫全高，所以可以不拘常例考核：“弘、崇生习一大经、一小经者，两中经者，习《史记》者，《汉书》者，《东观汉记》者，《三国志》者，皆须读文精熟，言音典正。策试十道，取粗解注义，经通六，史通三。其试时务策者，须识文体，不失问目义，试五得三。皆兼帖《孝经》、《论语》共十条。”[③] 从要求上看，二馆生比真正的进士、明经要放松不少。

开元二十四年后，朝廷贡举事由礼部侍郎负责，故《唐六典》“礼部侍郎”条又重新记录了一次科举考核的标准，其内容较“吏部考功员外郎”条有所不同。总体而言，常贡六科的要求均有所提高。例如，除了九部正经外，须兼习《孝经》《论语》《老子》。此外，明经、进士二科皆提出了三场试的要求，其考核内容亦有变化，如“凡明经先帖经，然后口试并答策，取

① 《唐会要》，第 1117 页。
② 《唐六典》，第 44 页。
③ 同上书，第 45–46 页。

粗有文理者为通”[①]，增加了“口试”的考核形式。明经科的考核不仅限于记忆能力，还增加了对经文的理解考察，而且更重视口头表达能力的展示：“旧制，诸明经试每经十帖、《孝经》二帖、《论语》八帖、《老子》兼注五帖，每帖三言，通六已上，然后试策十条，通七，即为高第。开元二十五敕：诸明经先帖经，通五已上，然后口试，每经通问大义十条，通六已上，并答时务策三道。”[②]进士科的三场试顺序则确定为帖经、试杂文及试策。杂文的要求在“洞识文律”的基础上，变成了“华实兼举”；在帖经方面也提高了要求：“旧例帖一小经并注，通六已上；帖《老子》兼注，通三已上，然后试杂文两道、时务策五条。开元二十五年，依明经帖一大经，通四已上，余如旧。”[③]从政局变化的角度来看，开元二十五年的这次改制，可能与张九龄罢相有直接的关联，也与当时朝廷上进士群体的兴起，以及随之而来的党争有密切的关系。

开元二十四至二十五年的这次改革，不仅提高了常贡六科的选拔要求，而且提出“凡此六科，求人之本，必取精究理实，而升为第。其有博综兼学，须加甄奖，不得限以常科”[④]，即在常科考核外，征求学兼多艺者，其中明经“兼明五经已上”、进士“兼通一史”等，所司录名奏闻。然而，开元二十四至二十五年的科举改革并未涉及弘文、崇文生，二馆生依然是“资荫全高，试取粗通文义”[⑤]，考核标准亦无变化。这说明，二馆生不仅优于乡贡，而且与其他学馆生相比也获优待，确实是国家笼络勋贵的政策学校。

《新唐书·选举志》：“凡弘文、崇文生，试一大经、一小经，或二中经，或《史记》、前后《汉书》、《三国志》各一，或时务策五道。经史皆试策十道。经通六，史及时务策通三，皆帖《孝经》《论语》共十条通六，为第。”[⑥]此记载基本与《唐六典》所记相似。其不同之处在于，多了《后汉书》而删

① 《唐六典》，第 109 页。
② 同上。
③ 同上。
④ 《旧唐书》，第 1829 页。
⑤ 《唐六典》，第 110 页。
⑥ 《新唐书》，第 1162 页。

去《东观汉记》。另，表面上看似乎减省了读经的要求，但由于“口试”的要求已贯彻在明经科中，所以实际上并没有简略相关的要求。这说明，开元二十五年后，朝廷对于弘文、崇文生的要求并没有进一步放松。二馆生质量的下降与安史之乱有关，战乱导致国家财力与人力的双重减损，使得这两所贵族学校也不可避免地受到影响。贞元二年（786），由于弘文、崇文生长时间存在阙员，所以有司大量补充人选进入二馆，由于二馆生“速于登第”，导致“用荫乖实”，有假冒门资、变易昭穆以及“假人试艺者”。贞元六年（790），朝廷再次下诏，要求“据式考试，假代者论如法”①。

另外，礼部侍郎亲故子弟由考功员外郎考试，这就是所谓的“别头试”。据《文献通考》所载，可知别头试的设置也在开元二十四年②，应该是当年科举改革中的配套措施。为了防止礼部侍郎利用“知贡举”之权录取自家子弟，故仍由考功员外郎负责。贞元十六年（800），中书舍人高郢奏罢别头试，获得了时论的认可。元和十三年（818），权知礼部侍郎庾承宣奏复考功别头试。大和三年（829），考功员外郎高锴取士不当，监察御史姚中立又奏停别头试。可见别头试的废立时有反复，即便施行，仍不能避免考官相互照顾官僚子弟。但大和六年（832），礼部侍郎贾餗又奏复别头试，说明维系这种避免贵戚子弟大规模舞弊的考试形式已经成为唐代朝野的普遍共识了。二馆生的考核本身就较为简单，如果再放松对考核回避原则的要求，那么二馆生“速于登第”导致名器讹滥的结果就可想而知了。

对二馆生考核要求沿革之例证，还可以增加敦煌文书 S.3375 所载《永徽东宫诸府职员令》中的例证。据刘俊文《敦煌吐鲁番唐代法制史文书考释》提供的释文，该卷第 173–183 行应为崇文生的考核要求，兹转录释文如下。

① 《新唐书》，第 1165 页。

② 按，《登科记考》据《唐摭言》所载，认为“上元二年”就已设置别头试。但这次考试所选拔的钱令绪等四人，是以“别敕”的形式“承优及第”的，它只是一种特殊的安排，正式著录于政令者仍应以开元二十四年为准。

功曹，听自访。有学□□［人？］无保任者，准拟送名所司，简试其通经文义者，试一中经、一小经以上及孝经、论语十条得六以上。其白读者，试一大经、一小经或一中经、一小经，皆兼孝经、论语。其试□帖，各率十条得六以上。如有史学者，试史记、前汉书、后汉书、三国志内任帖一部，试及通数准经。其解属文者，试时务三条，得二或□杂文一首，皆文词顺序，不失意义。□不□须依旧任者加散官。即试□后，经一考中上，而以理去任，更无人举拟者，听于常选视品府佐

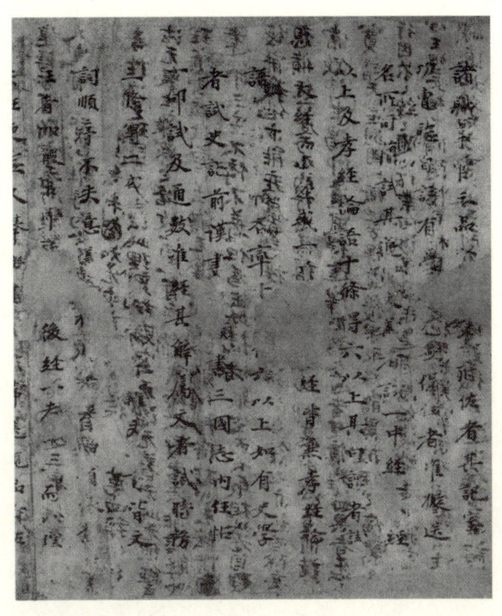

敦煌文书 S.3375《永徽东宫诸府职员令》

从残卷看，崇文生的考核方式与《唐六典》所载有所不同，显示出从永徽到开元年间，崇文生考核的历时性变化。首先，崇文生在试经中的要求是“一中经、一小经以上及《孝经》《论语》十条得六”。“一中经、一小经”对应的是明经科的“通二经”要求。这里的“试”应该是指“试墨策”，考核崇文生对经文及注疏意义的熟悉和理解程度。崇文生考核的出题范围在中、小经以上，含《孝经》《论语》，共十道题目，但该范围较《唐六典》中明经科而言既不相等，也不明确。《唐六典》所载明经科“通二经”十道墨策的具体出题范围是“《周礼》（按，中经）、《左氏》（按，大经）、《礼记》（按，大经）各四条，余经（按，中经：《毛诗》《仪礼》。小经：《周易》《尚书》《公羊》《谷梁》）各三条，《孝经》《论语》共三条；皆录经文及注意为问。其答者须辨明义理，然后为通”[①]。按照这一要求的话，唐代明经“通二经”试墨策时，可搭配出以下几种组合类型：

一、《周礼》四条，《毛诗》三条，《论语》《孝经》共三条；

① 《唐六典》，第 45 页。

二、《左传》四条，《毛诗》三条，《论语》《孝经》共三条；

三、《礼记》四条，《毛诗》三条，《论语》《孝经》共三条；

四、《周礼》四条，《仪礼》三条，《论语》《孝经》共三条；

五、《左传》四条，《仪礼》三条，《论语》《孝经》共三条；

六、《礼记》四条，《仪礼》三条，《论语》《孝经》共三条；

七、《周礼》四条，《周易》三条，《论语》《孝经》共三条；

八、《左传》四条，《周易》三条，《论语》《孝经》共三条；

九、《礼记》四条，《周易》三条，《论语》《孝经》共三条；

十、《周礼》四条，《尚书》三条，《论语》《孝经》共三条；

十一、《左传》四条，《尚书》三条，《论语》《孝经》共三条；

十二、《礼记》四条，《尚书》三条，《论语》《孝经》共三条；

十三、《周礼》四条，《公羊》三条，《论语》《孝经》共三条；

十四、《左传》四条，《公羊》三条，《论语》《孝经》共三条；

十五、《礼记》四条，《公羊》三条，《论语》《孝经》共三条；

十六、《周礼》四条，《谷梁》三条，《论语》《孝经》共三条；

十七、《左传》四条，《谷梁》三条，《论语》《孝经》共三条；

十八、《礼记》四条，《谷梁》三条，《论语》《孝经》共三条。

但如果崇文生仅考核“一中经、一小经”的话，那么就只能选择《周礼》，而其他的中经《毛诗》《仪礼》则无法考核。所以崇文生的试策出题范围应该是：中经四题、小经三题，《论语》《孝经》共三题。这样才能考核所有的中经、小经。按照这一推测，崇文生的出题范围应有以下几种组合方式：

一、《周礼》四条，《周易》三条，《论语》《孝经》共三条；

二、《周礼》四条，《尚书》三条，《论语》《孝经》共三条；

三、《周礼》四条，《公羊》三条，《论语》《孝经》共三条；

四、《周礼》四条，《谷梁》三条，《论语》《孝经》共三条；

五、《毛诗》四条，《周易》三条，《论语》《孝经》共三条；

六、《毛诗》四条，《尚书》三条，《论语》《孝经》共三条；

七、《毛诗》四条，《公羊》三条，《论语》《孝经》共三条；

八、《毛诗》四条，《谷梁》三条，《论语》《孝经》共三条；

九、《仪礼》四条，《周易》三条，《论语》《孝经》共三条；

十、《仪礼》四条，《尚书》三条，《论语》《孝经》共三条；

十一、《仪礼》四条，《公羊》三条，《论语》《孝经》共三条；

十二、《仪礼》四条，《谷梁》三条，《论语》《孝经》共三条。

与明经科“通二经”相比，不仅出题范围缩小了，难度也相应降低了。以“一中经、一小经”作为“通二经”的标准，在唐代官学结业考核及贡举明经科中都不是常例，明显是降低标准以优待贵戚子弟的措施，正符合二馆生“资荫全高，试亦不拘常例”的做法。

其次，虽然《唐六典》《新唐书·选举志》等文献均记载了科举考试时使用口试经义的做法，但对具体方式并未做出说明。《永徽东宫诸府职员令》残卷首次提出了“白读”之法，此一用法不见于其他中土文献，在日本《养老令》中尚有记载。《养老令·学令》“凡学生，先读经文”条注解曰：“读文，谓白读也。唐令读文与此异也。唐令无音博士。”① 所谓的“白读”应该就是指熟读经文、通晓字音，并不涉及经义的探讨。唐代贵族特别重视口头表达能力的养成，他们认为音韵清亮体现了贵族潇洒风流的气度。士大夫们普遍倾慕南朝风流，其朝臣贵胄日常接受的文学训练中就包含了声韵清通、音节浏亮的要求。崇文生“白读”的考核要求，正体现了贵族对培养背诵、讽咏、谈论等语言综合能力的重视。唐文宗大和年间，国子祭酒裴通上《定决罚当司官吏学生等奏》，《唐会要》载其文曰：“按《学令》云：诸生先读经文通熟，然后授文讲义。”② 这里的《学令》应该是《开元后令》，和《唐六典》《新唐书·选举志》等属相同史源，可见《永徽东宫诸府职员令》的这一要求在开元二十四年（736）后著于律令，从针对二馆生的特殊考核形式变为大规模推广的日常学习之法和贡举考核之法，并一直延续到晚唐时期。

在开元二十四至二十五年的科举改革中，唐玄宗之所以采取该方法在贡

① ［日］仁井田陞《唐令拾遗》，长春出版社 1989 年，第 186 页。

② 《唐会要》，第 1161 页。

举中大规模实践，乃和当时的科场困境密切相关。由于乡贡人数日渐增多，侵夺在馆生徒贡举名额，导致科场争议事件频发，而考官又因品秩较低，无力纠核。因此，唐代官方需要从制度方面加以改善，除了由礼部侍郎专门负责贡举外，改变考试方法也是重要举措之一。《封氏闻见记》："国初，明经取通两经，先帖文，乃按章疏试墨策十道；……玄宗时，士子殷盛，每岁进士到省者常不减千余人，在馆诸生更相造诣，互结朋党以相渔夺，号之为'棚'，推声望者为棚头，权门贵盛，无不走也，以此荧惑主司视听。其不第者，率多喧讼，考功不能御。开元二十四年冬，遂移贡举属于礼部，侍郎姚弈颇振纲纪焉。其后明经停墨策，试口义，并时务策三道，进士改帖大经，加《论语》。"[①]《大唐新语》记录开元二十四年举子与考功之争颇详，乃考功员外郎李昂与举人李权相互攻讦，进而引发一系列事端。从其争议发端与后续改革的措施来看，唐代中枢采取了增加科举考试难度的方式，以消弭选举过程中的争议，力图选拔出真正优异的人才。唐代历次科举改革的动机均与之相似。无论是对进士增加帖大经，还是明经帖经通过后，改墨策为面试口义，并加试时务策的方式，本质上都是增加考试难度，以此杜绝举子勋贵请托、考官私相授受的弊端。其中，面试口义，意在使考生的真实水平显露于大众之前，这是避免舞弊的有效手段。从这个角度看，唐代二馆生虽然在考试方面存在优待之处，但和一般的乡贡相比，其培养模式反而更为合理和严格。

第三，《永徽东宫诸府职员令》提出了崇文生"有史学"的标准："试《史记》《前汉书》《后汉书》《三国志》内，任帖一部，试及通数准经。"这一记录较《唐六典》《新唐书·选举志》所载精确，提供了唐代早期试史学的具体方法，即只选择一部史书考校，而非考察全部史书。此外，所试史籍中以《后汉书》取代《东观汉记》，这与《唐六典》不同。永徽二年（651）修律令时，章怀太子李贤尚未出生，他后来注《后汉书》，应该是受到时代氛围的影响，也不能排除李贤为东宫崇文生示范教材解读方法的可能。另，"有

① 赵贞信《封氏闻见记校注》，中华书局2005年，第15-16页。

史学”与“通经”应属并列关系，并不一定是全部要求。崇文馆生徒既可以选择明经出身，也可以通过“史科”拔贡。这种灵活的考核方式应该和二馆生学业修习氛围较为轻松有关，生徒们可以根据个人的兴趣爱好，或经、或史、或文，自行选择喜爱的学业。唐代皇室重视史学教育，但国子监中的史籍考核规定并不明晰，而《永徽东宫诸府职员令》明确提出“有史学”的标准，说明史学可能是弘文、崇文生的特殊教学项目。

第四，《永徽东宫诸府职员令》将“解属文”的标准定为试“时务策”三道或“杂文”一首，这反映了唐代前期（贞观至永徽）对文学能力表达的认识。试时务策，既能让崇文生有机会表达对时事的看法，考校其对治国方略的思考，又可借助政治问题的阐发，充分展现个人之文采。“杂文”者，即诗赋等韵文。但不同于进士科试“杂文”二首，崇文生仅试一首。在科举考试中正式规定“试杂文”，学界认为大约始于永隆二年（681）或永淳二年（683）。可知，永徽二年（651）《职员令》的规定要远远早于学界之定见，这有可能正是刘思立等人奏请加试进士“杂文”的律令来源。开元二十四至二十五年的改革，取消了崇文生“试杂文”的规定，这有可能也是对二馆生的一种优待。在及第标准方面，《永徽东宫诸府职员令》规定为“文词顺序，不失意义”，而《唐六典》为“须识文体，不失问目义”。可知，开元二十四至二十五年的改革实际上提高了对崇文生时务策写作能力的考察。

第六章　中央官学中的日常生活

一、国子监的生活保障：学舍、膳食

唐代的国子监位于长安城的务本坊内。务本坊位于长安外郭城，朱雀门大街以东第二街，街东从北第一坊。它北临皇城，南接崇义坊，是当时达官贵人所居之里坊。景龙三年（709），因驸马都尉杨昚交之父名“嘉本”，避讳而改为“玉楼坊”，景云元年（710）复旧名。坊内除了国子监外，另有西川、齐州进奏院、先天馆（房玄龄旧宅）等重要建筑物。由于务本坊位于皇城正南，属于《周礼》王城“九逵”制度的里坊之一，因此该坊内本应只有东西向的一条横街，但它却在国子监以东又开辟了一条坊内道路，这条道路直抵皇城南部，只不过没有置坊门以对皇城。国子监主要位于这条纵街以西，占据务本坊西北、西南部，其北直抵皇城之安上门，广文馆即与安上门正对，临近太庙、中宗庙等皇城内的祭祀场所。

国子监约占务本坊总面积的一半，根据宋敏求《长安志》、吕大防《长安图》的考证，该坊南北向三百五十步，东西向四百五十步，则国子监占地面积约十七万平方米。国子监下所设六学皆在坊内，从《唐六典》所记学生人数看，六学在校生规模总计为二千二百一十人。但这并非国子监人数的最高峰，据《旧唐书·儒学传》所载，贞观初年国子监六学生徒“凡三千二百六十员”，若再加上高丽、百济、新罗、高昌、吐蕃等国的留学生，人数多达“八千余人”。为了容纳如此庞大的学生群体，太宗“又于国学增筑学舍一千二百间”[①]。这些学舍是在隋代国子学学舍的基础上增筑的，可以想见国子监内学舍的整体数量要远远超过一千二百间。初盛唐时期，国子监的总人数一直保持在二至三千人左右，如果按照二千多人的平均规模计算，那么国子监内的一间学舍可住宿二到三人。

唐代中后期，生徒人数不抵盛唐时期，虽然基本上可以满足生徒每人一间的住宿条件，但同时学校建筑也受到战乱的影响，出现过学舍毁败的情况，这又导致了校内住宿紧张的情况。代宗永泰二年（766）即曾下诏痛陈：“顷以戎狄多虞，急于经略，太学空设，诸生盖寡……函丈之间，殆将不扫。”[②]宪宗元和二年（807），两京诸馆学生总数不过六百五十人，其中西京五百五十人，但同时“国子监室堂颓坏，军士多借居之”[③]，不仅与初盛唐时期弦歌不绝的景象相去甚远，而且监内的住宿条件也大不如前。唐代中后期甚至出现了毕业生将学舍转赠亲属居住，导致在校生反而无宿舍的问题：“有及第出监者，便将本住房转与亲故，其合得房学生则无房可给。”[④]为了解决这一问题，国子祭酒韦乾度提出“学生有及第出监者，仰馆子先通状纳房。待有新补学生公试毕后，使给令居住”[⑤]。即毕业生出监时，要先向宿管人员退房，新入学生徒经考试合格后方可居住。

除了住宿所用的学舍外，国子监内还筑有论堂、孔子庙等教学、祭祀用建筑。其中，孔子庙是国子监建筑的核心，也是唐代儒学教育的核心场域。儒学教育讲求知行合一，以礼仪为最高实践形式。《荀子》云：“彼学者，行之，曰士也；敦慕焉，君子也；知之，圣人也。上为圣人，下为士君子，孰禁我哉。”[⑥]也就是说，学者的培养需要经历士、君子、圣人这三个阶段。而

① 《旧唐书》，第 4941 页。
② 同上书，第 281 页。
③ 《资治通鉴》，第 7188 页。
④ 《登科记考补正》，第 708 页。
⑤ 同上。
⑥ 王先谦《荀子集解》，中华书局 1988 年，第 125 页。

士、君子在培养过程中，除了书本知识的传授之外，更需要通过礼制的实践来熏陶。在国子监中修筑孔庙，在孔庙中践行“学礼”，就是这种教育形式的具体显现。言传身授、师徒问难主要依靠讲堂（论堂），而“学礼”的实施则主要依靠作为祭祀空间的孔子庙。唐代国子监中的孔子庙始建于武德二年（619），原本主要祭祀周公，以孔子配享。贞观二年（628）十二月，停祭周公，立为孔子庙，以颜回为先师配享。孔子庙庙屋高大，可称隆栋。据《大唐郊祀录》“文宣王庙”条所载，孔子庙主殿面阔四柱七间，建筑在两级台阶上，堂高距离地面三尺五寸，宫垣周之。殿内内塑有孔子、颜回之像。此外，还在正殿以南设有“戟屋”，面阔三间，列十戟。

元和之际，舒元舆曾作有《问国学记》一文，是其游览国学后的实录，文中详细记载了中晚唐时期国子监内各学舍、建筑的形制、方位、大小。唐代的国子监筑有大门，墙高数仞，有谒者（庙祝掌固）管理，并负责引导参拜者。朱门之后，即是孔子庙。孔子庙之西侧另设有高门，门内的建筑物是高大的“夏屋”——论堂。孔子庙与论堂东西相对，形成了“左庙右学”的制度。论堂前的庭院面积达到数亩之广，本是用于招集生徒所用，但在中晚唐时期已经被学官们开辟为菜园了：“尽垦为圃矣。……久为官于此者圃之。”[①] 进入国子学内部，则有“国子馆”，其形制与论堂相似。广文馆、太学、四门学的情况也与国子学相仿佛，都出现了毁败的情况。可见，在财政困乏的背景下，中晚唐时期国子监内部的各种条件相较于初盛唐均出现了退步的情况。值得一提的是，唐文宗大和七年（833）开始刻石的十二经，开成二年完工后树立于国子监内。开成石经是晚唐时期国子监内最为重要的校舍环境建设工程。

唐代的国子监学官、生徒的膳食由学校负责，这属于国家教育经费支出的常项之一。唐代教育经费支出中主要包含了教师的工资、学校校舍的营建费用、日常行政支出（纸、笔、墨等）以及各所学校官厨（膳食）费用等内容。其中，官厨费用主要由食利本钱、常食料等构成。唐代官方规定，各

① 《全唐文》，第 7492 页。

官厨支出及其他办公经费皆由各司自筹，额度不足者可以“除陌钱”形式补齐，该笔经费称为“食利本钱”，由本司的“捉钱令史”负责管理。食利本钱并不直接用于食物采购等支出，而是作为由捉钱令史进行放贷交易，所获得的利息作为官厨支出使用。以元和九年（814）十一月户部所奏，国子监“食利本钱”共“二千六百四十四贯二百五十文”①，仅次于秘书省、太常寺、大理寺、鸿胪寺、司农寺等中央机构。按照元和年间国子监生徒五百六十人的规模看，生徒的伙食质量应该有所保障。但在校生需要经过考核，合格之后方可给厨，同时由于新进士、明经必须附籍国子监，他们在入学时也要求享受免费伙食的待遇。在财政紧张的中晚唐，这又造成每年分配就餐名额时的喧嚣争夺，“旧例，每给付厨房，动多喧竞”。长庆二年（822），国子祭酒韦乾度提出，新进士、明经入监时要进行重考试，“其进士等若重试及格，当日便给厨房。其明经等考试及格后，待经监司牒送，则给厨房”②。

国子监学官并不与生徒在一处用餐，他们的膳食除了食利本钱部分外，还包含了常食料部分。常食料的规定见于《唐六典》“礼部膳部郎中”条，它是根据品阶高低所设的伙食等级。有学者认为这是唐代官员俸禄的一种，是变相的副食补贴。《唐六典》规定“凡亲王已下常食料各有差”，其中“三品已上常食料九盘”，国子祭酒“每日细米二升二合，粳米八合，面二升四合，酒一升半，羊肉四分，酱四合，醋四合，瓜三颗，盐、豉、葱、姜、葵、韭之类各有差”；“四品、五品常食料七盘”，国子司业、国子博士“每日细米二升，面二升三合，酒一升半，羊肉三分，瓜两颗”，其余与国子祭酒待遇相同。六品已下、九品已上则常食料减为五盘，即国子丞、国子助教、太学博士、太学助教、四门博士、国子主簿、国子录事、律学博士、书学博士、算学博士等，“每日白米二升，面一升一合，油三勺，小豆一合，酱三合，醋三合，豉、盐、葵、韭之类各有差”③。除了常见的瓜果、羊肉、米面、调料、酒水外，在节庆会食时，还会提供如寒食麦粥、人日及上巳节煎饼、元宵节

① 《唐会要》，第1681页。

② 《登科记考补正》，第708页。

③ 《唐六典》，第128–129页。

膏糜、端午节粽糉、七夕节斫饼、重阳节麻葛糕等特殊食品。

二、入学后的管理：入学条件、休假管理、退学与责罚

唐代的生徒之入学分中央、地方两大部分。国子监生的补录由尚书省负责，国子祭酒统焉。州县学生则由州县长官补录，长史负责具体操办。无论是尚书省补，还是州县补，名义上皆由长官负责，但实际操作则是由尚书吏部的司功员外郎以及州县的司功参军操持。唐代初期，由于国家教育制度尚未完备，这些实操部门在录取生徒时并没有可以依靠的标准。国子监生徒包含了皇室子弟、贵戚功臣，除了见任职官外，一般的散官、勋官子弟也可入学，甚至庶人子弟也可入学。武德七年（624），高祖曾下诏要求收揽民间子弟入学："其有吏民子弟，识性开敏，志希学艺，亦具名申送入京，量其差品，并即配学。明设考课，各使厉精，琢玉成器。"[①] 这是在唐代前期官吏不充背景下的无奈之举，"唐初，士大夫以乱离之后，不乐仕进"[②]，只能从民间扩大招生规模。值得注意的是，这批招收进入京师的吏民子弟也是需要"量其差品"的，即根据父祖或本人的品第区分入学，其标准可能延续了隋代的成例。

太宗时期，国家进入稳定状态，各级学校的入学标准也随之确定。首先是生徒的入学年岁，一般而言，"凡生，限年十四以上，十九以下；律学十八以上，二十五以下"[③]。当然在实际操作中，也有许多突破年龄限制的例证。如李元轨，"年廿四，补国子生"[④]，他出生于贞观十一年（637），补入国子学时是高宗龙朔元年（661），此时国子监建设已步入正轨。李元轨的祖父官阶不高，其祖父乃隋代赵郡丞，父亲终官左亲卫，并不存在特殊优待的情况。只能说明唐代官学的年龄限制只是一种原则上的规定。弱冠成年者，也可进

① 《唐大诏令集》，第 537 页。
② 《资治通鉴》，第 6043 页。
③ 《新唐书》，第 1160 页。
④ 《唐代墓志汇编》，第 690 页。

入官学修习，如李释子也是“弱冠，补国子生”[①]。

国子六学生徒的入学条件依据父祖官品等差而分为不同标准。国子学入学标准最高，主要招收三品以上官员子孙，名义上的宰臣、公爵阶层，《新唐书》：“文武三品以上子孙若从二品以上曾孙及勋官二品、县公、京官四品带三品勋封子为之。”[②]但从前文所引例证来看，这一规定也并未得到严格执行。如李释子，其祖父终官太子监门率，仅为正四品上；其父任蒋王东阁祭酒，仅为六品。即便其祖父封爵为开国男，也仅为从五品上，并不符合上述入学标准。可见，这一规定也仅为具文而已。

太学的入学官品条件为五品以上官员子孙，以“五品以上子孙、职事官五品期亲若三品曾孙及勋官三品以上有封之子为之”[③]。这一条件相对国子生而言，较容易达成。一般而言，各州郡刺史、上州长史、监寺卿丞、六部尚书、侍郎及各卫郎将子孙皆可入学。当然，唐代也存在一些特例。如太学生霍景旦，其父霍松龄终官洺州永年县丞，祖父渭南县丞，曾祖父茅州长史[④]，也未达到官品五品以上的条件。

四门学的入学条件相较前两所官学更为放松，因为四门俊士群体的存在，庶人子弟也可入学。官品条件则维持在“七品以上子”以及“勋官三品以上无封，四品有封”之子。同时，州县学生亦可补录进入四门学深造。

律、书、算三所学校的入学条件则相同，其招收对象主要是低阶官员及庶人子弟，其入学官品条件进一步放宽至“文武官八品已下及庶人子为生者”[⑤]。州学生的入学标准与律、书、算学相同，但县学以及更低阶层的乡学则缺乏史料，不知其入学条件。

唐代国子监入学的申请顺序是，凡学生申请补录入学者，皆向监司申请，由国子祭酒审定名录后，报请礼部备案复核。唐代后期，制度混乱，有申请入学者皆越过国子监，直接向礼部申请，而国子监官员不审核生徒是否

---

① 吴钢《全唐文补遗》(第九辑)，三秦出版社2007年，第357页。

② 《新唐书》，第1159页。

③ 同上。

④ 《全唐文补遗·千唐志斋新藏专辑》，第92页。

⑤ 《唐六典》，第562页。

合格，只是照准礼部关牒收录。这实际上反映了唐代中后期尚书六部权力扩张的影响，但这种补录方式也严重削弱了国子监的权力，因此元和元年（806）四月，国子祭酒冯伉上奏，要求“其礼部所补学生，到日亦请准格帖试，然后给厨”[①]。穆宗长庆二年（822）时，国子祭酒韦乾度再次奏请：“其每年请补学生者，须先经监司陈状，称请替某人阙。监司则先考试，通毕然后具姓名申礼部，仍称堪充学生。如无监司解申，请不在收管之限。”[②]

唐代官学生徒的假期管理分为田假（五月）和授衣假（九月），主要是依据农时安排假期，假期各十五天，类似于今天的寒暑假制度。同时，每旬（十天）给假一日，基本上与官员休沐日期相同。除此之外，诸如元日、上元节、寒食、清明以及皇帝诞日等节日，生徒也会给予假日休沐。学生在假期可归家探亲，路途在二百里以上的学生，会根据路程远近给予时限。如学生家中有婚丧嫁娶等事件，或因其他事情不能按时返校者，可申请延续假期至一百天。除此之外，生徒皆须按时返校。凡超过三十天不归者，或因事假超过一百天，因直系亲属生病而请假侍候超过两百天者，皆除名退学。

唐代官学对违纪生徒的惩罚措施，作为严厉者莫过于退学罢归。在校生最长修业年限不得超过九年，律学为六年。凡是在规定时间内未能完成学业者，即未能及第，“并解追”[③]。从县学向州学升等者，其受业年限合并计算。只有“服阕重仕”者，可以免除服丧时间。同时，在校生每年年终考核有三次下等者，同样要罢归。罢归退学的生徒，其流程为“既罢，条其状下之属所，五品以上子孙送兵部，准荫配色”[④]，仍然给予高品官员子弟一定的优待。对于不服管教、学无所成的生徒，国子监有权进行处罚，国子司业归崇敬曾建议，“其有不率教者，则槚楚扑之”[⑤]，并且在申报礼部后，国子学生徒可退为太学生，太学生不变者，退为四门生。四门生再退为州学生。州学生不变者，“复本役，终身不齿”。同时，学生如果在校期间发生打架斗殴，轻慢师

① 《登科记考补正》，第 597-598 页。
② 同上书，第 708 页。
③ 《唐会要》，第 634 页。
④ 《新唐书》，第 1161 页。
⑤ 《旧唐书》，第 4018 页。

长的恶行，将会受到严厉的惩罚。《唐会要》：“如生徒无故喧竞者，仰馆子与业长，通状领过，知馆博士则准监司条流处分。其中事有过误，众可容恕，监司自议科决。如有悖慢师长，强暴斗打，请牒府县锢身，递送乡贯。”[1]

三、国子监的课程设置与修习年限

唐代的教学制度同样堪称完备，在课程设置、教材编选以及修习年限方面都有着具体而详细的规定。唐代国子监内的课程设置主要分为经学、书学、算学、律学等门类。唐代儒家经典中，《孝经》《论语》是所有学生皆须修习的，“皆兼通之”[2]。凡博士、助教，分经授业，生徒在未修习完成所习经典前，不得改换。唐代各专业、经典及其修习年限如下表所示。

唐代国子监生徒修业分类及年限

大经	《礼记》	三年
	《春秋左氏传》	三年
中经	《诗经》	二年
	《周礼》	二年
	《仪礼》	二年
小经	《易》	二年
	《尚书》	一年半
	《春秋公羊传》	一年半
	《春秋谷梁传》	一年半
其他	《论语》《孝经》	共一年
书学	三体石经	限三年
	《说文》	二年
	《字林》	一年

① 《唐会要》，第 1161 页。
② 《新唐书》，第 1160 页。

（续表）

学书	读《国语》《说文》《字林》《三苍》《尔雅》	日书纸一幅，间习时务策
算学	《孙子》《五曹》	共一年
	《九章算术》《海岛算经》	共三年
	《张丘建》《夏侯阳》	各一年
	《周髀算经》《五经算》	共一年
	《缀数》	四年
	《缉古算经》	三年
	《记遗》《三等数》	皆兼习之

其日常考核与结业考核的不同要求如下表所示。

国子监生徒日常考核及结业考核要求

日常考核	旬假	假前举行，博士考试，读者千言试一贴，帖三言；讲者问大义一条，总三条通二条为合格。不及者有罚
	年终	口问大义十条，通八条为上，六为中，五为下
结业合格	通二经	大经一、小经一；中经二
	通三经	大经一、中经一、小经一
	通五经	大经二、中经一、小经一、《论语》《孝经》兼通

以国子学、太学、四门学为例，唐代生徒修习经学业成的标志有“通二经”“通三经”“通五经”，其中“通二经”最为常见，其标准为“大经、小经各一”，或“中经二”。“通三经”的标准为“大经、中经、小经各一”。最难的“通五经”，则要求“大经皆通，余经各一”[①]。通二经、三经可在三年时间内完成，通五经则较为困难。同时，修习业成的生徒及第而不愿出监者，可在国子监内部实现迁转升级：诸学生通二经、俊士（应为四门俊士）通三经已及第而愿留者，四门学生补太学，太学生补国子学。

除了“明经”这一大类外，唐代贡举的科目众多，另有明法、明字、明

① 《新唐书》，第1160页。

算、一史、三史、开元礼、道举等。即便是明经，除了通五经、三经、二经外，还有如学究一经、三礼、三传、史科等不同类目。因此，唐代国子监生徒在修业时，必定会依照本人所欲贡举的项目进行有针对性的学习。国子六学博士、助教分经教授，实际上也含有分专业方向进行培养的目的。

国子监生徒“通二经”“通三经”后，每年冬季上报监司，举行毕业考试。监内考试由祭酒、司业主持，模仿礼部各科的考试方法进行。如明经，即考口试和帖经，问大义十条，答时务策三道。帖经的具体方式是，“以所习经掩其两端，中间开唯一行，裁纸为帖，凡帖三字，随时增损，可否不一，或得四，或得五，或得六为通”[①]。通过毕业考试的各级生徒，由州县、国子监举送吏部（开元二十四年后，由礼部侍郎知贡举），参加贡举，其具体流程是：每岁仲冬，州、县、馆、监举其成者送之尚书省。因为“生徒”的学籍管理清晰，故直接送吏部由考功员外郎考核。而举选不由馆、学者，谓之乡贡，皆怀牒自列于州、县，先由州、县进行考试（“取解”“再取解”）。合格者由州郡长吏举行乡饮酒礼送行，到尚书省后，“皆疏名列到，结款通保及所居”[②]，由户部集阅，然后关牒行于考功员外郎考试。唐代对“举人失当”者也设有惩罚措施：“凡贡举非其人者、废举者、校试不以实者，皆有罚。”[③]

四、学礼的修订与实践：以释奠礼为中心的讨论

从功利性的角度看，生徒是以贡举及第为求学目标的。他们在经历了数年苦读，通过了重重考核之后，以成为国家官员为最终目的。但对于儒家教育而言，对生徒的培养则追求的是明礼秉义，一个学者成熟的标志便是他能够在生活中践行礼制的要求。从儒学教育的发端看，周礼中所传承的祭祀活动本身也是教育活动中不可缺少的一环。因此，礼仪的实践是成为一名合格的儒家生徒的最终标识。唐代吉礼中有四个最重要的祭祀仪式，《唐六

---

① 《文献通考》，第 829 页。
② 《新唐书》，第 1161 页。
③ 《文献通考》，第 828 页。

典》："凡祭祀之名有四：一曰祀天神，二曰祭地祇，三曰享人鬼，四曰释奠于先圣先师。"① 祭祀先圣、先师成为学校典礼中最为重要的内容。释奠礼乃是在学校举行的礼仪，《大戴礼记》中本有《学礼》的篇目。《礼记·文王世子》："凡始立学者，必释奠于先圣、先师。"② 又云："凡学，春官释奠于其先师，秋冬亦如之。"③ 唐代经学家在讨论学校礼制时，多引用此段文字。在祭祀地点方面，最初的释奠礼都是临时设置祭坛，后东晋孝武帝于国子学立孔子庙，"庙学一体"制度由此正式推广开来。唐代祭祀皆在国子学及地方州县学内的孔子庙举行。

唐代的各级官学中，学礼是围绕着束脩礼、释奠礼、养老礼等展开的。其中，释奠礼是最早确立下来、最为重要的学礼。武德二年（619）时，朝廷便发布诏敕，命祭祀周公、孔子。国子监释奠礼的主要服务对象是皇太子，是太子业成的典礼仪式。据《通典》《大唐开元礼》等记载，其典礼仪式主要包含了以下环节和步骤：释奠前五天，皇太子于东宫别殿斋戒三日，另"致斋二日于正殿"。随祭官员抵达国子监后还要和国子监学官、生徒一同斋戒一日。与此同时，典设郎要在孔庙布置典礼现场，太子坐东面西，文武官员设坐分列左右，国子监学官、生徒列次文武侍臣之后，观礼者立于其后。释奠之日，太子服远游冠，去鼓吹，与太傅、少傅乘车出延禧门。陪祭官穿公服，学生服青衿，列樽俎。太常命乐工奏文武二舞，太子升堂祭拜，奏永和、肃和之乐。太子跪拜先圣、先师像，太祝宣读祭文。太子初献归坐后，祭酒为亚献，司业为终献，以太牢祭祀孔子。献礼结束后，太子至论堂，由"执读"读诵经书，由"执经"阐发大义。若太子有疑问，则侍讲予以解释。

释奠礼不单是对已有学说的仪式化展现，更包含着对统治阶级意识形态的建构，这集中反映在献礼结束后的讲学环节。贞观十四年（640）三月丁丑，太宗幸国子学，观释奠礼。祭酒孔颖达讲《孝经》，独称曾子之孝。太宗就曾子与闵子骞谁更孝顺发出了疑问。太宗的辩驳很有意思，试图修正已

① 《唐六典》，第 120 页。

② 《礼记集解》，第 560 页。

③ 同上书，第 559 页。

有的经学阐述。他据《孔子家语》的说法反驳，认为曾子比不上闵子骞。因为曾子在面对暴怒的父亲时不知躲避，险些丧命，孔子教育他，真正的孝顺应该是“小箠则受，大杖则走”，而“今参于父，委身以待暴怒，陷父于不义”[①]。

李世民的这番表达颇有为自己缓颊的意味，他在玄武门之变中囚禁李渊，事后逼迫李渊传位，难以称孝。但他与李建成相争时，李渊有意放纵二子争斗，并偏向李建成，甚至有杀死李世民的意图，若他不反抗，就会导致其所说的“委身以待暴怒，陷父于不义”的不孝之境。所以他又对侍臣说：“诸儒各生异意，皆非圣人论孝之本旨也。孝者，善事父母，自家刑国，忠于其君，战阵勇，朋友信，扬名显亲，此之谓孝。具在经典，而论者多离其文，迥出事外，以此为教，劳而非法，何谓孝之道耶！”[②]太宗将“孝”从对父母的孝顺引申到忠君，从小家拓展到国家，使“孝”具有了更宏大的历史视野。在帝王之家中，“孝”不是单纯面对君父的顺从，而是要从国家需要出发，考量皇帝与嗣皇帝之间的关系。这种解经的方式，说明释奠礼中的皇帝、太子并不是迂腐地接受儒生的讲经，而是能根据政治情势的需要，灵活地阐释经义，对意识形态的建设掌握着绝对主动。

弘扬这种经义与现实政治需要相结合的新阐发，正是在释奠礼中设置讲学环节的意义所在。同时，若有生徒能在讲学环节中阐发新意，既是其经业有成的体现，也能够获得皇帝、太子的青眼相待。如大诗人王之涣的祖父王德表，他恰好参加了贞观十四年的这次释奠礼，并且大放异彩，“丁时太学群才，天下英异，中春释菜，咸肄讨论。公以英妙见推，当仁讲序，离经辩义，独居重席”[③]。可以想见，他对经义的解释必定和太宗所言相符。正是凭借着讲学中的出色发挥，王德表当年便明经及第，获得房玄龄奏称“学业该敏”，“特敕令侍徐王读书，寻迁蜀王府参军”[④]。

有鉴于释奠礼的重要政治作用，学礼祭祀的规格也在不断提高。唐代初

---

① 《旧唐书》，第 917 页。

② 同上。

③ 《唐代墓志汇编》，第 947 页。

④ 同上。

期，释奠礼以儒官自为祭主，直云博士姓名，昭告于先圣。州县释奠礼，亦以博士为主。此后，逐渐发展为皇帝、太子亲自参与的重要典礼。贞观二十一年（647），太宗再次下诏："左丘明、卜子夏、公羊高、谷梁赤、伏胜、高堂生、戴圣、毛苌、孔安国、刘向、郑众、杜子春、马融、卢植、郑玄、服虔、何休、王肃、王弼、杜预、范宁、贾逵总二十二座，春秋二仲，行释奠之礼。"① 此诏不仅将释奠礼的举行时间定为春分、秋分两次，并且拓展了陪祭先圣的先师数量。

这次释奠礼的革新是在儒者与重臣的讨论下进行的，许敬宗在其中起到了重要的作用。他认为，按照《礼记·文王世子》的记载："凡学，春官释奠于其先师。"又引郑玄注称："官，谓诗、书、礼、乐之官也。"根据这个说法，儒官在展开教学前，要先按照"诗、书、礼、乐"之分，四时举行释奠，以先师为祭祀对象。因此，贞观二十一年扩大祭祀对象是可行的。但这些祭祀只是日常举行的学礼，并非在国学内举行的大礼，所以不及先圣。春、秋分的大祭，"则天子视学，命有司典秩，即总祭先圣、先师焉"②。天子于春、秋视学时，要在释奠礼中亲祭先圣、先师，这实际上是在变相提升皇权在春、秋分释奠礼中的地位，将天子视学礼与释奠礼进行了某种程度的融合。

只不过郑玄等人的说法只是根据经典推衍出的经义，属于先儒的制度设计，并不一定在历史中得到实践。为此，许敬宗特意查询了关于释奠礼的历史记录，为其学礼革新张目。他指出："秦、汉释奠，无文可检。至于魏武，则使太常行事。自晋、宋已降，时有亲行，而学官主祭，全无典实。"③ 他查阅史传后，发现秦汉皇帝亲行释奠确实找不到相关例证。例如，汉代祭祀孔子，都是在州县学校行乡饮酒礼时举行，由地方长官举行典礼。《后汉书》："明帝永平二年三月，上始帅群臣躬养三老、五更于辟雍。行大射之礼。郡、县、道行乡饮酒于学校，皆祀圣师周公、孔子，牲以犬。"④ 也就是说，《礼记》

① 《旧唐书》，第 917 页。
② 同上。
③ 同上书，第 917–918 页。
④ 《后汉书》，第 3108 页。

虽提出了释奠礼的设想，但汉代帝王并未亲自实施。另据《三国会要》："魏齐王正始三年，帝讲《论语》通，五年讲《尚书》通，七年讲《礼记》通。并使太常释奠，以太牢祀孔子于辟雍，以颜回配。"① 曹魏后期的确实行了由帝王主导的释奠礼，其前提是皇帝讲经通。但此时皇帝实际上被权臣所控制，不能亲临太学辟雍行释奠礼，故而委托太常，也就是太学的最高领导代为行礼。这一方面说明，释奠礼的地位在曹魏时确实得到了提升和重视，并且和皇帝本人的权威联系了起来；另一方面说明，皇帝能否行释奠礼，也与其所处的实际政治环境有关。

晋宋以后，皇帝亲临国学行释奠礼则常见于史籍。如晋惠帝、晋明帝及愍怀太子讲经毕，皆亲释奠于太学，"太子进爵于先师，中庶子进爵于颜回"②。东晋诸帝更是如此，穆帝、成帝、孝武帝讲经通后，皆亲行释奠礼。换言之，自晋之后，释奠礼就与皇帝的权威、太子的废立紧密地结合在一起，成为一种为皇权所垄断的典礼。南朝宋、齐、梁、陈皆是如此。

北魏皇帝行释奠礼则较为坎坷。代北时期，北魏虽屡次下诏建立国学，设博士及生员，但国家草创，未遑大阐典礼。天兴四年（401），命乐师入学习舞，释菜于先圣、先师。明元帝改国子学为中书学。孝文帝迁洛之后，仓促草创，国学等相关建设并未完成，其子宣武帝屡次督促，方于延昌二年（513）建成。孝明帝正光元年（520）曾下诏："来岁仲阳，节和气润，释奠孔颜，乃其时也。有司可豫缮国学，图饰圣贤，置官简牲，择吉备礼。"③《王慧龙传附王遵业传》载："（遵业）与崔光、安丰王延明等参定服章。及光为肃宗讲《孝经》，遵业预讲，延业录义，并应诏作《释奠侍宴诗》。"④《崔光传》《儒林传》等皆记录正光二年（521）肃宗释奠之事，可见孝明帝确实于次年春分举行了释奠礼。又，永熙三年（534）二月丙子，北魏孝武帝元修亦亲行释奠礼。这是北朝国学行释奠礼由皇帝统摄其事的相关记录。

① 杨晨《三国会要》，中华书局 1955 年，第 279 页。
② 《晋书》，第 670 页。
③ 《魏书》，第 229 页。
④ 同上书，第 878–879 页。

可见许敬宗的制度设计充分参考了南北朝以来，皇帝临国学行释奠礼的成例。但这并不意味着他对经义的理解就是完全正确的。比如其所云“学官主祭，全无典实”就有可能存在史实理解上的偏差。根据《魏书·高允传》所载，冯太后在诛杀乙浑后，引高允入禁中参决大政，并让高允制定郡国学官制度。高允上表称：“请制大郡立博士二人、助教四人、学生一百人，次郡立博士二人、助教二人、学生八十人，中郡立博士一人、助教二人、学生六十人，下郡立博士一人、助教一人、学生四十人。其博士取博关经典、世履忠清、堪为人师者，年限四十以上。助教亦与博士同，年限三十以上。若道业夙成，才任教授，不拘年齿。学生取郡中清望，人行修谨，堪循名教者，先尽高门，次及中第。”[①]北魏在地方州郡大建学校，征召了大量的博士学官。那么在日常管理时，这些州郡学官自然要担负起行春秋四时行释奠礼的职责。许敬宗有意将国学释奠礼的实施与皇权联系起来，这是他刻意否定学官主祭的本意所在。

值得注意的是，许敬宗面临的难题还有北朝后期释奠礼混乱纷杂的旧例。北周早期国胄入学即行释奠礼，直到周武帝时，才明确了国胄入学不行释奠之礼的规定，《周书·武帝纪》：“（天和元年七月）壬午，诏：‘诸胄子入学，但束脩于师，不劳释奠。释奠者，学成之祭，自今即为恒式。’”[②]周武帝对释奠礼的意义阐发是正确的，但他省却释奠礼或许和当时忙于军事而无暇礼乐有关。大象二年（580）二月丁巳，周宣帝幸露门学，行释奠之礼。另据《周书·艺术传·冀儁传》：“（大统）十三年，迁襄乐郡守。寻征教世宗及宋献公等隶书。时俗入书学者，亦行束脩之礼，谓之谢章。儁以书字所兴，起自仓颉，若同常俗，未为合礼。遂启太祖，释奠仓颉及先圣、先师。”[③]可知，北周早期还曾在释奠礼中增加祭祀仓颉的内容，而且将其与束脩之礼结合起来。这些与经义不合的内容，同样是许敬宗在释奠礼革新时所要处理的对象。

在祭祀典礼的形式上，国子监的释奠礼规格最高，祭以太牢，乐用轩

① 《魏书》，第 1078 页。
② 《周书》，第 73 页。
③ 同上书，第 838 页。

悬，舞以六佾，并登歌一节。州县若无学校，只立孔子庙，祭用少牢。许敬宗在革新典礼时认为，在国学举行的释奠礼需要提升相应的规格，若皇帝、太子不亲临，则祭酒需秉诏方可行礼。其理由是“乐用轩悬，罇俎威仪，盖皆官备，在于臣下，理不合专”[①]，这不是臣子所能使用的礼器。更何况朝廷祭祀小神时，还需专门遣使代表天子行礼，而释奠礼在规格上属于“中祀”，更应该秉承皇帝的诏命方可行事。所以许敬宗请求，国学举行的释奠礼由国子祭酒为初献，祝辞称“皇帝谨遣”，国子司业为亚献，国子博士为终献。

同时，许敬宗对贞观后期的州县释奠礼也进行了改革。州学以刺史为初献，上佐为亚献，博士为终献。县学，令为初献，丞为亚献，博士既无品秩，请主簿及尉通为终献。根据其要求，主持祭祀典礼的官员不是依照勋品或散官品秩，而是按照职事官品秩，最低者县学的终献是从九品下的主簿或县尉。这实际上将县学博士排除在儒家学礼之外。按照许敬宗本意，无论是中央还是地方的释奠礼，都应该是在任的流内官主持，如果有在任官阙的情况，那就按照官职等级依次兼摄。并且州县举行的释奠礼，既然已经安排了刺史、县令亲献主祭，那么就应该将其祭祀待遇提高到“祀社”的标准，给予祭祀所需的明衣。许敬宗的这些举措，其目的都是为了提升释奠礼的政治地位，实际上是在变相提高释奠礼的等级。

在祭祀对象上，唐代的释奠礼也进行了革新，并时有反复。根据旧儒传统的理解，“凡始立学者，释奠于先圣先师”为非常祭；“春官释奠于其先师，秋冬亦如之”为四时之常祭。前者必须祭祀先圣、先师，后者只需祭祀先师即可。由于经典语焉不详，导致后代在理解先圣、先师与周公、孔子的具体对应关系时，产生了不少误解。根据郑玄的解释，先圣乃“周公若孔子”，先师“‘凡有道者、有德者，使教焉，死则以为乐祖，祭于瞽宗’。此之谓先师之类也。若汉，《礼》有高堂生，《乐》有制氏，《诗》有毛公，《书》有伏生，亿可以为之也”[②]。西汉虽然无行释奠礼的记录，但祭祀周公、孔子的礼仪肯定是有所传承的。东汉明帝时，行乡饮酒礼于学校，“皆祀圣师周公、孔

① 《旧唐书》，第918页。

② 《礼记集解》，第559页。

子”。宋代徐天麟在《东汉会要》中称此为“初似未知所以独崇宣圣之意”[①]。即两汉时可能将周公、孔子并尊为圣师。但高明士认为“圣师”应该分读，即“圣”为周公,“师”为孔子。《晋书·礼志》亦称“先圣先师周公、孔子”。可见此种解读之法确有道理。然《宋书·礼志四》云：“魏齐王正始二年三月，帝讲《论语》通，五年五月，讲《尚书》通，七年十二月，讲《礼记》通，并使太常释奠，以太牢祀孔子于辟雍，以颜渊配。……（晋）元帝太兴三年，皇太子讲《论语》通，太子并亲释奠，以太牢祠孔子，以颜渊配。成帝咸康元年，帝讲《诗》通，穆帝升平元年三月，帝讲《孝经》通，孝武宁康三年七月，帝讲《孝经》通，并释奠如故事。”[②]可知魏、晋以来的释奠礼，已专祀孔子为先圣，以颜回为先师，将周公排除在外。这一传统延续至南朝的宋、齐、梁、陈。北齐释奠礼亦以孔子为尊，配以颜回，则知北朝仍以孔子为先圣，以颜回为先师。北周制度稍有特殊，曾短暂地在释奠礼中增加祭祀仓颉的内容。隋代释奠礼以北齐为准，以孔子为先圣，颜渊为先师。

唐初的释奠礼则发生了一些有趣的变化，走上了尊古的道路。武德二年（619），高祖诏于国子监立周公、孔子庙，反而遵从郑玄“先圣周公若孔子”的说法，依两汉旧法，将周公、孔子并称先圣。这一情况在武德七年（624）时废止,“释奠于太学，以周公为先圣，孔子配享”[③]，改为周公为先圣，孔子为先师。另据《唐语林》所载：“武德初，并祀周公，周公南面，故夫子配坐西方。”[④]可知武德七年时，二圣庙实已合并为一庙，且根据庙中设位的情况看，此时确实是以周公为先圣，孔子为先师无疑。

贞观二年（628）十二月，房玄龄、朱子奢等奏曰：“武德中，诏释奠于太学，以周公为先圣，孔子配享。臣以为周公、尼父，俱称圣人。庠序释奠，本缘夫子。故晋、宋、梁、陈，及隋大业故事，皆以孔丘为先圣，颜回为先师，历代所行，古今通允，伏请停祭周公，升夫子为先圣，以颜回配

① 徐天麟《东汉会要》，中华书局 1955 年，第 43 页。
② 沈约《宋书》，中华书局 1974 年，第 485 页。
③ 《唐会要》，第 635 页。
④ 周勋初《唐语林校正》，中华书局 1987 年，第 458 页。

享。”[①] 故贞观十一年（637），《贞观令》《贞观礼》相继修成颁行后，朝廷即以孔子为先圣，颜回配享。贞观二十一年（647），又诏以左丘明、卜子夏至贾逵等二十二人，“并令配享尼父庙堂”[②]。即可知，武德后期至贞观时期的先圣认定，又回到了魏晋南北朝以来的传统上。

永徽二年（651），高宗颁行《永徽令》，却是又改回武德旧制，以周公为先圣，孔子为先师。这次改动的缘由不详，但引发了长孙无忌等人的不满。因此，他们奏请修订《显庆令》时再度改回。根据长孙无忌等人的奏议所言，《永徽令》的修订是由于先前制定礼令的官员们没有很好地理解太宗制旨的意图，“辄事刊改，遂违明诏”[③]。太宗在贞观年间“依礼记之明文，酌康成之奥说，正孔子为先圣，加众儒为先师”，这是“永垂制于后昆”的定则，不应再做更改。故长孙无忌、许敬宗等上书复议，请求一并修订《显庆礼》，以周公配武王，升为“历代帝王”之祭，正式确立以孔子为先圣，以颜回为先师。此后，先圣孔子、先师颜回之制不再变化。开元以后，又增列十哲、七十子之祭，颜回封为亚圣。

在祭祀时间上，释奠礼也经历过一番修订的过程。释奠礼的常祭以“四时”祭祀，隋代以四仲月上丁为祭祀日，《隋书·礼仪志》记载甚详。武德时稍有不同，改为四仲月丁日。武德七年（624），高祖亲临释奠即在二月丁巳日。[④] 贞观时，改为二仲月上丁，即二月、八月第一个丁日行释奠礼。贞观二十一年诏书云：“春秋二仲，行释奠之礼。”太宗贞观十四年（640）亲临国学释奠，在二月丁丑日，正是二月上丁日。这可能是《贞观礼》的新规定，即将武德的四仲月改为二仲月，并于贞观二十一年的诏书中获得了再次肯定。[⑤] 至玄宗修订《开元礼》时，维持释奠于二仲月上丁日不变。

① 《唐会要》，第635-636页。

② 同上书，第636页。

③ 同上。

④ 按，如为上丁，则为本月初七（丁未）。

⑤ 值得注意的是，本年二月丁丑日，皇太子李治在国学行释菜礼。这次典礼并不是在上丁日举行的，看似违背了礼、令的规定，但由于所举行的仅为释菜礼，且为太子行礼，所以礼减一等，选择于中丁日是可行的。

第七章　唐代地方官学的建设与管理

一、地方官学的体系、架构与学官

唐代的地方官学同样是官学制度中的重要组成部分，地方上的各级学校容纳了大量的生徒。唐代初期，唐高祖在着手恢复中央官学的同时，即开始重建地方官学制度。“义宁三年五月”[①]，李渊命令“上郡学置生六十员，中郡五十员，下郡四十员。上县学并四十员，中县三十员，下县二十员”[②]。只不过当时天下板荡，全国统一尚未完成，这些规定仅仅是具文而已。虽然是强调维持隋代旧制的临时举措，但从中也可窥见唐代地方官学的基本体系，即围绕着州（郡）学、县学两级架构展开，并根据州（郡）、县的上、中、下等级对学校的等级予以划分，实际上是以人口多寡来决定学校规模。

随着唐王朝统一天下进程的加速，稳定的政治局面使得地方官学的建设步入正轨。武德七年（624）二月，李渊下诏，“州县及乡皆置学”[③]，正式将地方官学体系拓展为州、县、乡三级架构。开元二十六年（738），玄宗再次拓展地方官学体系，“令天下州县，里别置学”，《唐会要》载其敕令颇详：“古

① 按，《旧唐书》原文为“义宁三年五月”，似义宁二年五月为是，应为形近而讹。

② 《旧唐书》，第 4940 页。

③ 《资治通鉴》，第 5976 页。

者乡有序，党有塾，将以宏长儒教，诱进学徒，化民成俗，率由于是。其天下州县，每乡之内，各里置一学。仍择师资，令其教授。”[①] 至盛唐时，唐代的地方官学体系已由州、县、乡、里四级构成。值得注意的是，唐代地方官学中除了实行经学教育外，还设有地方医学。贞观三年（629），太宗首设地方医学。因此，唐代的地方官学主要由州、县、乡、里四级结构，以及经学教育和医学教育两大部分组成。

唐代地方官学中等级最高者，为京兆、河南、太原三府之府学。三座都城，人口众多，政治地位高，因此府学的规模及人员设置亦堪称完备。据《唐六典》所载，盛唐时期，三府府学设经学博士一人，从八品上；助教二人，品阶不详。经学生员额为八十人。医学博士一人[②]，开元年间，增置医学助教一人。医学生员额为二十人。其次一级为各都督府，其中大都督府的府学规模与京兆、河南、太原三府一致，设从八品经学博士一人，助教二人，学生则减为六十人。医学博士（从八品下）、助教各一人，医学生十五人。中都督府，府学规格与大都督府一致，只不过医学博士降为正九品下。下都督府，府学助教减为一人，学生五十人，并且生徒员额要依据人口规模递减，“若边远僻小州不满五千户者，四分减一”[③]。医学博士、助教各一人，学生减为十二人。

唐代的上州，其户口规模应在四万以上。[④] 上州州学的规模、架构与大都督府相同，皆为从八品下经学博士一人，助教二人，学生共六十人；正九品下医学博士一人，助教一人，学生十五人。中州户口规模在二万以上，中州州学设正九品上经学博士一人，助教一人，学生五十人；从九品下医学博士一人，助教一人，学生十二人。户口规模不满两万者为下州，下州州学设正九品下经学博士一人，助教一人，学生四十人；从九品下医学博士一人，学生十人。

唐代的县根据政治地位的不同，县学的规模亦各有不同。如万年、长

① 《唐会要》，第635页。

② 按，《唐六典》虽未载三府之医学博士品阶，但根据大都督府医学博士从八品下的位阶看，三府医学博士的品阶很有可能也是从八品下。

③ 《唐六典》，第745页。

④ 按，以《唐六典》修成之开元二十六年为标准。

安、河南、洛阳、奉先、太原、晋阳等京县（赤县），它们构成了京城的实体，因此其县学之规模甚至高于一般的下州，设经学博士、助教各一人，学生员额更是达到五十人。京兆、河南、太原三府的其他下辖县（畿县）县学，同样设经学博士、助教各一人，学生为四十人。诸州上县县学，设博士、助教各一人，品阶不详，学生共四十人。中县、中下县、下县县学，设博士、助教各一人，学生分别为二十五人、二十五人和二十人。乡、里学的规模不详，应亦设有博士或助教，其学生人数应与当地人口数量密切相关。

以唐代前期为例，全国共三百二十七州，其中上州一百零九、中州二十九、下州一百八十九，则州学学生总数即一万九千四百二十三人。至开元末期，全国共有州、府三百二十八个，县一千五百七十三个。可以想见，乡里学生的数量应更为庞大。地方州、县、乡、里学校的学生，构成了唐代官学系统的主体。安史之乱后，藩镇割据导致国家财政能力的下降，地方教育与国子监一样都受到了强烈的冲击，校舍破损，学生流散，教育发展陷入困境。韩愈在《处州孔子庙碑》中称："郡邑皆有孔子庙，或不能修事，虽设博士弟子，或役于有司，名存实亡，失其所业。"①清晰地描述了中晚唐时期地方官学的衰败情况。

地方官学的管理者是各地方长官，具体操办者则为长史。以州、县学为例，《新唐书》："州县学生，州县长官补，长史主焉。"可见州、县学学生的补录工作，应该主要由各州长官、长史负责终判、通判。但具体流程则由各府、州、县的功曹、司功参军负责，司功参军负责行判，功曹则负责勾核。《唐六典》："功曹、司功参军掌官吏考课、假使、选举、祭祀、祯祥、道佛、学校、表疏、书启、医药、陈设之事。"②而其文物实证，可见国家图书馆馆藏的敦煌文书BD11180，文书上有"牒司功为送唐元度充学生事"③的记录。这份出土于敦煌的文书，清楚地记载了由司功参军负责补录县学学生的史实。

---

① 《韩愈文集汇校笺注》，第2277页。

② 《唐六典》，第748页。

③ 录文见赤木崇敏《唐代敦煌县勘印簿羽061、BD11177、BD11178、BD11180小考》，《敦煌写本研究年报》2011年，第101页。

地方官学的学官主要由经学博士、助教和医学博士、助教组成。经学博士以五经教授学生，医学博士则以《本草》《百一集验方》《广利方》教导生徒。大历十四年（779），经吏部尚书颜真卿奏请，诏“诸州府学博士，改为文学，品秩同参军，位在参军上”①。唐代的地方学官虽有品秩，但其中部分学官的除授不需要经过吏部，而是由地方长官征召。根据《封氏闻见记》所载，州学博士由尚书“吏曹”（吏部）补授，县学博士、助教则由州选授。另据《唐六典》载，县学“博士、助教部内无者，得于旁州通取”②，即本县若无合适人选，可以从他州补授。实际上，州学博士、助教亦是如此。地方官学的学官多有非本地出身者，特别是流动性较大的州学。如王弘敏，他是琅琊人，四门学生出身，“高第日，曹司准诏，授隆州博士”③。也有从本地奏举而改授他州博士者。如李安，他是上党人，“幼号神童，长而博物，刺史仵成公叹而奇之，举送授吏部羽骑尉。寻迁韩州博士”④。当然，州学博士虽由吏部选任，但也存在着本州辟任的情况，如刘彪“学殖优敏，恭俭肃清，风彩外融，襟情内湛，任本州博士”⑤。

州学博士官品为从八品下，虽非士子首选，但在唐代早期官员不充的背景下，也会成为某些士子的释褐官，甚至有国子监明经及第或乡贡进士出身者出任。如李谞，“贞观五年，以国子监明经举策问高第，解巾蒙授常州博士”⑥；毕粹“贞观五年，蒙召预本州进士。一枝升第，七步呈材，利用虽骋亨衢，敏学犹精通诰。其年遂授密州博士”⑦。唐代中后期，随着地方学校的衰败，士人不乐出任州府博士，故《通典》亦称：“大唐府郡置经学博士各一人，掌以五经教授学生，多寒门鄙儒为之。”⑧当然，除了外地任职外，州学内也有本地出身的学官。如惠斌，他是兖州人，“年十九，乡党所崇，为

① 《唐会要》，第1216页。
② 《唐六典》，第748页。
③ 《秦晋豫新出墓志搜佚》，第110号。
④ 赵栓庆《三晋石刻大全》（长治市襄垣县卷），三晋出版社2015年，第10页。
⑤ 《唐代墓志汇编续集》，第290页。
⑥ 《唐代墓志汇编》，第364页。
⑦ 同上书，第563页。
⑧ 《通典》，第914–915页。

州助教”[1]。另据《天圣令》载，唐代的县学博士、州县助教“视流外九品”，因此可由地方自行补授。但贞观初期，为了补充地方官吏的缺额，也存在由中央补授的特殊情况，如钱元修，“唐贞观五年，策试通经，补长兴县博士”[2]。当然，大部分时候还是由州刺史予以补授的。如杨政，他显庆年间明经及第后即隐居于中条山，“至麟德二年，被本州刺史卢承业追召补桃林县博士”[3]。

由于唐代州县博士多由州县选拔，因此常有突破学官人数限制的情况出现。如柳宗元的《道州文宣王庙碑》中就有“《春秋》师晋陵蒋坚、《易》师沙门凝辩”[4]的记录，道州州学按照《唐六典》的规定，只能有蒋坚一名经学博士，那么沙门凝辩应是本州刺史自行征辟的。实际上，因为唐代佛门僧侣的文化水平较高，且并不占州府官员的名额，因此经常作为地方官临时征辟的对象参与文化事业建设。杜牧《敦煌郡僧正慧菀除临坛大德制》：“敦煌管内释门都监察僧正兼州学博士僧慧菀。”[5]也提供了以僧人兼州学博士的例证。苏轼认为这是宣宗时期收复河湟故地的临时举措，“君子予其权，不责其专也”[6]。但从内地、边境皆有这种情况看，僧人以临时差遣的身份兼任州学博士，应该是唐代中后期财政匮乏、学官短缺背景下的一种地方行政惯例。

二、地方学校典礼的举行

唐代的地方学校在形制上基本上是对中央官学的复刻，特别是经学教育层面，其规则与行事方式与中央的国子学、太学、四门学并无区分。其校舍环境也是对中央官学的复刻，即以“左庙右学”的形式建构。因此，唐代的地方学校也需要进行学礼的操演。

根据《开元礼》，与教育有关的，属于州县礼仪及其管辖之典的，有

---

① 道宣《续高僧传》，中华书局 2014 年，第 751 页。
② 《全唐文》，第 9367 页。
③ 《全唐文补编》，第 2190 页。
④ 《柳宗元集校注》，第 376 页。
⑤ 《杜牧集系年校注》，第 1134 页。
⑥ 苏轼《东坡志林》，中华书局 1981 年，第 39 页。

《吉礼》中的“诸州释奠于孔宣父”“州学生束脩”“诸县释奠于孔宣父”“县学生束脩”“乡饮酒”等礼仪。祭祀时间上与中央国子监相同，如释奠于州县学孔庙，皆于二月、八月上丁日。从敦煌流传的具注历日看，地方州县在释奠礼的执行方面从唐代一直延续到宋代，祭祀时间也非常稳定。唐代后半期的中央虽已衰微不堪，但地方上依然能按照行政惯性，依照朝廷颁行的礼经“行礼如仪”。以沙州为例，沙州地处西北边塞，又曾被吐蕃侵占，但其地方官仍能按照国家礼仪，一如《大唐开元礼》所规定的内容践行释奠之礼。唐代后期虽边患严重、藩镇跋扈，但礼乐制度却从未衰亡，借助着学校这个中心，成为延续文明的重要手段与精神寄托。

敦煌文书中的《沙州都督府图经》卷三详细记载了沙州州学与敦煌县学的形制，以及释奠礼举行的时间：“州学，右，在城内，在州西三百步。其学院内，东厢有先圣太师庙堂，堂内有素（塑）先圣及先师颜子之像，春秋二时奠祭。县学，右，在州学西，连院。其院中东厢有先圣太师庙堂，内有素（塑）先圣及先师颜子之像，春秋二时奠祭。……医学，右，在州学院内。于北墙别构房宇安置。”

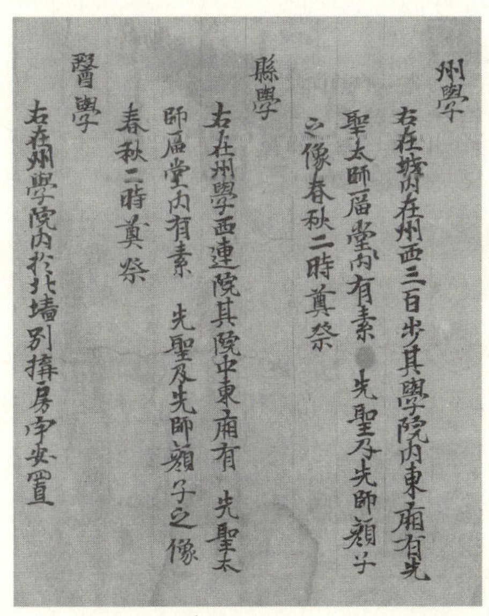
州學
右在城内在州西三百步其學院内東廂有先
聖太師廟堂内有素　先聖及先師顔子
之像春秋二時奠祭
縣學
右在州學西連院其院中東廂有　先聖太
師廟堂内有素　先聖及先師顔子之像
春秋二時奠祭
醫學
右在州學院内於北墻別構房宇安置

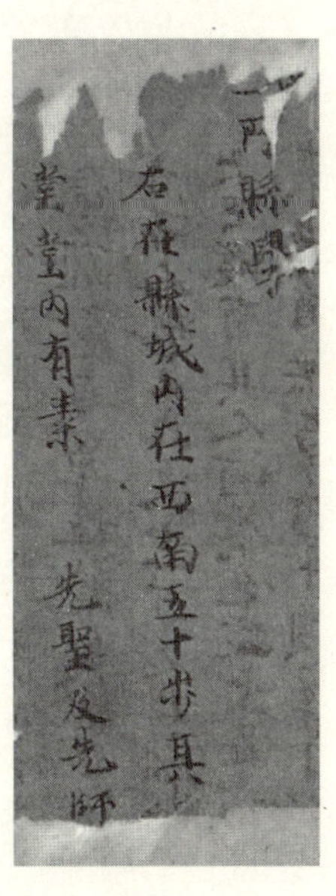
縣學
右在縣城内在西南五十步其
堂堂内有素　先聖及先師

左：敦煌文书 P.2005《沙州都督府图经》卷三
右：敦煌文书 P.5034《沙州都督府图经》卷五

卷五又记载了寿昌县的一所县学："一所县学，右，在县城内，在西南五十步，其［学院内，东厢有先圣太师庙］堂，堂内有素先圣及先师［颜子之像，春秋二时奠祭］。"

州县释奠文的具体例证，还可见敦煌文书 S.1725V 及 P.3896V，前者正面题名为《大唐吉凶书仪》，背面题名为《文样：释奠、祭社、祭雨师、祭风伯等　某年张智刚请祭诸神用物牒　文样：诸起居启》，亦应为书仪一类的文献[①]；后者题名为《释奠文　鸟鸣占卜书（藏文）》，其形式与前者相似，应为州县释奠文书的一般通例。S.1725V 的内容为："释奠文：敢昭告于先圣文宣王，惟王固天攸纵，诞降生知。经纬礼乐，阐扬文教。余烈遗风，千载是仰。俾兹末学，依仁游艺。谨以制弊（币）醴荠，粢晟（粢盛）庶品，□（祇）奉旧章，式陈明鷹，以先师兖公配。敢昭告于先师兖公，爰以仲春，率尊（遵）故实，敬祇释奠于先圣文宣王。惟公庶几体二德，冠四服，服道圣门，实臻壶奥。谨以制弊（币）礼（醴）荠，粢晟（粢盛）庶品，式陈明鷹，左主配神。右，已前释奠文。"

S.1725V 对祭祀用品也有详细的记录："今月日释奠：要香炉二并香、神席二、毡十六领、马头盘四、叠（碟）子十、垒子十、小床子二、椀（碗）二、杓子二、弊（币）布四尺、馃食两盘子、酒、宍（肉）、梨五十课（颗）、黍米一升、锹一张、行礼人三、修坛夫一、手巾一、香枣一升。" P.3869V 记载与之类似，只不过数量与种类少于前者，应为简略书写所致。

从上述记载可知，无论是州学，还是县学，内部皆有孔庙，庙内塑孔子、颜回之像，虽然两院相连，但各自举行释奠礼。至于《释奠文》中所谓的"太师"应为"先师"的笔误。开元二十七年（739）八月，孔子被封为"文宣王"，颜回被封为"兖公"。《开元礼》中关于州、县释奠礼的祝文，皆用"孔宣父"之称，行文顺序及用词皆相似。这说明敦煌的学校也是严格按照中央颁布的《开元礼》来执行相关的祭典。从这些材料来看，开元末期所

---

① 图片见黄永武《敦煌宝藏》（第十三册），新文丰出版公司 1981 年，第 105 页。录文据图片释读，对部分异体字进行了说明。

制定的地方州学的典礼仪式得到了较好的执行。

另外一个很有意思的现象是，州县执行雨师祭祀的用品与释奠礼极为类似。这说明在州县祭祀的过程中，很有可能只准备一份祭品用具，可用以应对多种祭祀所需。这也是在生产力不发达时期，适应基层现实的折中做法。但释奠礼的用品相较于祭社而言，要少一半，也就是说，按照《显庆礼》及《开元礼》的规定，中央的释奠礼虽已经升为“中祀”，但州县释奠仍然属于“小祀”的规模，这与《唐六典》所载相符。州县的中、小祀也是有明显等级差别的。如祭社稷，要高于祭祀教育之神的孔孟，但释奠礼又与祭风伯、雨师、雷师等礼仪相似，这也说明教育的重要性与农业生产其实是不分伯仲的。

在祭祀典礼举行时，由地方州郡长官率领州、县学学官、生徒共同参与。独孤及的《福州都督府新学碑》中详细记载了福州都督李椅在府学举行释奠礼的过程：“躬率群吏之稍食与赎刑之余羡，以备经营之费而不溷于民也。先师寝庙，七十子之像在东序；讲堂、书室、函丈之席在西序；齿胄之位，列于廊庑之左右。每岁二月上丁，习舞释菜。先三日，公斋戒肄礼，命博士率胄子修祝嘏，陈祭典。释菜之日，釁器用币，笾豆在堂，樽罍在阼，公玄端赤舄，正词陈信。是日，举士之版，视其艺之上下。审问慎思，使知不足，教之导之，讲论以勖之。八月上丁如初礼。”[①] 从文中记叙的过程看，地方长官斋戒的时间亦是三天。博士与生徒修撰祝辞、准备祭礼，祭祀当日的用具、祭品亦与沙州相似。陈祝辞之环节由地方长官亲致，并在随后的讲学环节对生徒的学问进行考校。

除了释奠礼外，地方学校还需要举行诸如束脩礼等仪式。束脩礼是拜师之礼仪，在生徒初入官学时举行。《唐六典》：“其生初入，置束帛一篚、酒一壶、脩一案，号为束脩之礼。”[②] 但各级生徒所需缴纳的束脩并不相同，其中国子监生徒最高，州学、县学生次之。据杜佑《开元礼纂类》载，国子监学生需备的束脩为帛五匹、酒二斗、脩五脡；州、县学生为帛一匹、酒二

① 刘鹏、李桃《毘陵集校注》，辽海出版社 2006 年，第 210 页。
② 《唐六典》，第 559 页。

斗、脩五脡。束脩名义上是生徒向老师缴纳的学费，以供养老师。但唐代的各级学官皆有俸禄，因此束脩礼实则体现的是儒家尊师重道的礼仪精神。依据神龙二年（706）九月敕，束脩的分配方法是“三分入博士，二分助教”[①]，剩余的一半可能用于学校的日常经费支出。

据《通典》《开元礼》等礼典所载，唐代对州、县学束脩礼的举行亦有详细的规定。其具体过程如下：典礼日平明时分，学生服青衿服至学门，博士服公服或儒服立于学堂东阶之上，面向西方。赞礼者引学生入学门，立于门东，西面。方向不与观礼宾客相同。束帛篚、酒壶、脯案陈列于学生西南。仪礼官立于门西，向东面的学官申请典礼开始。学生向前致辞：“某方受业于先生，敢请见。”礼仪官入告学官。博士答：“某也不德，请子无辱。”学生、博士二请二辞后，博士方同意授艺。博士与学生在学门内东西相对，执酒脯者立于学生西南。学生跪奠篚，再拜。博士答拜，学生还避，遂进，跪取篚。赞礼者引学生进博士前，东面授币，执酒脯者从奠于博士前。博士受币，典礼完成。束脩礼的意义在于建立师徒名分，只有经过典礼，学生才能正式成为在校生徒。

地方学校举行典礼是一件颇为耗费钱财的大事，对于地方财政而言是一笔不小的负担。在财政条件紧张的中晚唐，不少有识之士提出过对地方典礼的改革建议。以刘禹锡为例，他在担任夔州刺史时，曾专门上书宰相，针对州县学礼的不足之处提出过切实可行的方案。据《奏记丞相府论学事》所载，唐代中后期官学毁败的主要原因是，“非学官不欲振举也，病无赀财以给其用”[②]，而虚耗无用的释奠典礼仪式花费了大量的治学经费，“今四海郡县咸以春秋上丁有事孔子庙，其礼不应于古，且非孔子意也。……与其烦于旧飨，孰若行其教道？今夫子之教日颓靡，而以非礼之祀媚之，斯儒者所宜愤悱也”[③]。在开元《学令》中，州县释奠礼需要以“明衣”“牲牢”为礼，耗费巨大。刘禹锡对制定这套典礼规范的许敬宗等人提出了严厉的批评。根据他的

① 《唐会要》，第 634 页。
② 《刘禹锡全集编年校注》，第 1823 页。
③ 同上书，第 1824 页。

计算，夔州一州四县，每年释奠礼所需耗费的钱财多达“缗钱十六万有奇”。若以全国一千七百座郡县总计，“凡岁中所出，于经费过四千万”。但这四千万的经费“适资三献官饰衣裳、饴妻子而已，于尚学之道无有补焉”[①]。因此，刘禹锡建议改革释奠礼形式，“罢天下县邑牲牢衣币”，“如有生徒，春秋依开元敕旨用酒醴腶脩，腒𦢊榛栗，示敬其事，而州府许如故仪”，即减少县学释奠礼的支出，将所节省下来的费用，一半用于所在州，“使增学校”，扩大招生规模；一半“率归国庠，犹不下万计，筑学室，具器用，丰簋食，增掌固以备使令”[②]。同时，增加各级儒官的生活补贴，使他们安心教育，并确保各级学校的纸、笔、书籍费用得到有效保障。

三、州县长官与贡举事宜

地方官学的生徒在完成学业后，有两条出路，一是经过考核后升入四门学继续深造，二是以州、县学生的身份参加贡举。《通典》：“大唐贡士之法，多循隋制。上郡岁三人，中郡二人，下郡一人，有才能者无常数。其常贡之科，有秀才，有明经，有进士，有明法，有书，有算。自京师郡县皆有学焉。每岁仲冬，郡县馆监课试其成者，长吏会属僚，设宾主，陈俎豆，备管弦，牲用少牢，行乡饮酒礼，歌鹿鸣之诗，征耆艾、叙少长而观焉。既饯，而与计偕。其不在馆学而举者，谓之乡贡。”[③]也即是说，州县学生在通过“郡县馆监”课试之后，被地方长官以“州贡”的名义荐入京师，参加省试。值得注意的是，“州贡”与“乡贡”并非同一事物，它们是宾贡的两种不同类型，前者专指州县学生宾贡于朝者，后者则是不在馆学的私学出身者。

每年宾贡常科的人数有限，上州为三人，中州为二人，下州为一人，有突出才行者，方可放宽一二名额，这些名额由州贡、乡贡共同组成。换言之，并不是所有州县学出身的生徒都能获得宾贡的资格，只有其中的佼佼者

① 《刘禹锡全集编年校注》，1824 页。

② 同上书，第 1825 页。

③ 《通典》，第 353 页。

才能脱颖而出。唐代初期，由于官学的建设与质量要远远超过私学，因此宾贡者多出自两监和各级地方官学。王定保在《唐摭言》中曰："开元已前，进士不由两监者，深以为耻。"[①]又曰："有唐贞元已前，两监之外亦颇重郡府学生，然其时亦由乡里所升，直补监生而已。"[②]开元年间，随着乡贡群体的崛起，地方官学生徒中宾贡者殆绝，"州县之学，绝无举人"[③]。因此唐玄宗特意于天宝十二载（753）下诏，"天下举人，不得充乡赋，皆须补国子学士，及郡县学生，然后听举。"[④]这在一定程度上挽救了州、县官学的生存危机。但随着安史之乱的到来，至德元年（756）以后又恢复了"乡贡"，此后时有反复。会昌五年（845）正月，"敕公卿百寮子弟及京畿内士人寄修明经、进士业者，并宜隶名太学；外州寄学及士人并宜隶名所在官学；仍永为常制"[⑤]。

地方学校贡举权力情况的变化发生在代宗朝。据封演的《封氏闻见记》载："玄宗时，两京国学有明经进士，州县之学，绝无举人。于是敕停乡贡，一切令补学生然后得举。无何，中原有事，乃复为乡贡。州县博士学生惟二仲释奠行礼而已。今上登极，思弘教本。吏部尚书颜真卿奏请改诸州博士为文学，品秩在参军之上，其中下州学一事已上，并同上州，每令与司功参军同试贡举，并四季同巡县点检学生，课其事业。博士之为文学，自此始也。"[⑥]大历十四年（779），为了扭转地方学校生徒宾贡者少的困境，颜真卿特意提升了州学博士的品秩，并且赋予了州博士巨大的权力，即与州司功参军一道"试贡举"（包含州县在馆生徒与怀牒自请的乡贡），并每年四时巡视县学，检验生徒培养成效。由于州、县博士必定更熟悉本校生徒，可能会在考核时予以一定的偏向。更重要的是，地方官学有了参与贡举事务的权力，这便是《通典》"郡县馆监课试其成者"制度的直接来源。

除了州县学官外，地方长官亦是宾贡考核中的主要负责人。武德四年

---

① 姜汉椿《唐摭言校注》，上海社会科学院出版社2003年，第12页。
② 同上书，第17页。
③ 《封氏闻见记校注》，第3页。
④ 《唐会要》，第1384页。
⑤ 《唐摭言校注》，第13页。
⑥ 《封氏闻见记校注》，第3页。

（621）四月一日，高祖“敕诸州学士及早有明经及秀才、俊士、进士，明于理体，为乡里所称者，委本县考试，州长重覆，取其合格，每年十月随物入贡”①。每年所荐举的州贡、乡贡，地方要先按照科目的不同（如秀才、进士、明经等），先由长官主持考核，考试合格者方能获得贡举资格。地方的考试方法与中央一致，明经要考试帖经、口义、时务策，进士还要试杂文，根据《会昌五年举格》的要求，“诸州府所试进士杂文，据元格并合封送省。……今诸州府所试，各须封送省司检勘，如病败不近词理，州府妄给解者，试官停见任用阙”②。亦即是说，地方长官是宾贡事务的第一责任人，他们要对宾贡人员的质量负责。

在完成考试后，地方长官还要负责举行乡饮酒礼。乡饮酒礼作为求学者业成后，地方向中央贡士的典礼，在形式上完成了“宾贡”的最后一环。唐代乡饮酒礼的实践最早开始于唐太宗贞观六年（632），但此时的乡饮酒礼只是遵从其古义“齿别有序”。诏曰：“比年丰稔，闾里无事。乃有惰业之人，不顾家产，朋游无度，酣宴是耽，危身败德，咸由于此。……自非澄源正本，何以革兹弊俗。……可先录《乡饮酒礼》一卷，颁行天下，每年，令州县长官，亲率长幼，齿别有序，递相劝勉，依礼行之。庶乎时识廉耻，人知敬让。”③可见唐初的乡饮酒礼还没有和贡举事务联系在一起，其目的是让民众知廉耻、懂礼让。并且，唐代初期的乡饮酒礼时兴时废，地方州县并未作为一项长期礼典予以操办。睿宗登位后就发布诏敕称“乡饮酒礼之废，为日已久，宜令诸州，每年遵行乡饮酒礼”④。

开元六年（718），玄宗初颁乡饮酒礼于天下，命州县长官每年十二月举行。根据宣州刺史裴耀卿的奏疏所称：“窃见以乡饮酒礼颁于天下，比来唯贡举之日，略用其仪。……但州县久绝雅声，不识古乐。伏计太常，具有乐器太乐，久备和声，请天下三五十大州，简有性识人，于太常调习雅声。仍付

① 《唐摭言校注》，第1页。
② 同上书，第4页。
③ 《唐会要》，第498页。
④ 同上。

笙竽琴瑟之类，各三两事，令比州转次造习。每年各备礼仪，准令式行礼，稍加劝奖，以示风俗。”①此时的乡饮酒礼已经与贡举事务联系了起来，但州县中缺少雅乐乐队，因此裴耀卿建议对乐工加以培训，以使典礼形式完备。

唐代乡饮酒礼的具体流程在《开元礼》《通典》等文献中所载甚详，其大略如下：州饮酒礼，刺史为主人，召集“致仕有德者谋之”（学官），贤者为“宾”，次一等为“介”，再次者为“众宾”。县饮酒礼，县令为主人，乡之老人六十岁以上有德行者选一人为“宾”，次一人为“介”，再次者为“三宾”，最后为“众宾”。宾、介、众宾即考试合格的宾贡人选。

举行典礼前，主人要到宾、介家中通报，二者在门外东西相对，主人称“某日行乡饮酒礼，请某子临之”，经三请三让，拜答三次后决定举行典礼。典礼日当天，在州县府衙内设置宾席、主人席、介席、众宾席等，设两壶、玄酒、篚、爵觯等礼器。宾、介、众宾等宾贡诸人到达后，在厅事大门外等候，主人出门迎接，互相答拜后，引入堂内。双方再经数次辞让后，登席安坐。主人从篚中取出爵等酒器，向宾进献，宾受爵。司仪赞者“荐脯醢”于宾席，六十岁者有三豆（盘）、七十岁者有四豆、八十岁者有五豆，九十岁者及主人皆有六豆。赞者设折俎，宾下跪，持爵取脯，行祭拜之礼。完成仪式后，将爵转交主人。主人仿效宾，再次祭拜。数次重复之后，宾的乡饮酒礼完成。然后是介、众宾依次行礼。

祭拜完成后，乐工入席。首先是四名乐工，二名鼓瑟，二名演唱。演奏并歌唱《鹿鸣》完毕后，执笙的乐工入场，演奏《南陔》。结束后，演唱者歌《南有嘉鱼》，笙工演奏《崇丘》。最后，所有乐工一起合奏并演唱《关雎》《鹊巢》。至此，典礼的主要部分结束。宾、主人再经过数次答拜后，开始举行宴会。宴会结束，主人将宾客送出门外，乡饮酒礼最终完成。经历了乡饮酒礼后，宾贡者随朝集使上京，这项由地方长官主掌的“宾贡”事务宣告成功。

① 《唐会要》，第 499 页。

四、乡里学校的故事

唐代学校的内部运作机制，限于史料原因，往往无法详述。特别是涉及州县、乡里学校的时候，更是语焉不详。近年来，随着出土文献的不断更新，使我们得以通过敦煌文书、吐鲁番文书、出土墓志等新材料，对地方官学实施教育时的细节略窥一二[①]。整体而言，唐代地方官学的教育方法与中央官学相似，以记诵、抄写为主。生徒们需要先掌握经文的内容，经过熟练背诵掌握后，方由博士、助教予以答疑解惑。他们日常最主要的学习任务就是抄写经书，如敦煌文书 P.3274《孝经疏》卷末即有“天宝元年十一月八日于郡学写了”的题记，该写本文字稚拙，很有可能出自某位州学学生。除此以外，敦煌文书中还保留了大量的蒙书写本，如《杂钞》《蒙求》《兔园策府》《太公家教》等，这些写本的抄写者多为敦煌乡学中的学郎。

这些学郎在发蒙阶段，主要靠抄写来完成功课，只不过在抄写功课完毕的时候，也会发出和今日学子一样的哀叹。新疆吐鲁番文书中保存的景龙四年（710）《论语郑氏注》写本，背面就保留了抄写者卜天寿的学郎诗：“写书今日了，先生莫咸池（嫌迟）。明朝是贾（假）日，早放学生归。”[②]在求学过程中，学生们也有着自己的烦恼，厌学者有之，好酒者亦有之，但好酒者又惧怕喝酒误事：“写者不饮酒，恒日笔头干。且德（得）随宜过，有错没人看。”[③]有的学生因为自己经常写错字，遭到先生责骂而懊恼：“首（手）恶笔若（弱），多有厥（阙）错。明师见者，即以（与）□卻。”[④]有的学生因求而不得的感情问题心生烦闷：“寸步难相见，同街似隔山。苑（怨）天作河（何）罪，交（教）见不交连（教怜）。”[⑤]有的则是因为娶妻不得而发出怨叹：

---

① 以敦煌研究为例，现有研究已取得丰硕的成果，如李正宇《唐宋时代的敦煌学校》(《敦煌研究》1986 年第 1 期)、徐俊《敦煌学郎诗作者问题考略》(《文献》1994 年第 2 期)、李冬梅《唐五代敦煌学校部分教学档案简介》(《敦煌学辑刊》1995 年第 2 期)、伊藤美重子《唐宋时期敦煌地区的学校和学生——以学郎题记为中心》(《童蒙文化研究（第三卷）》2018 年）等。

② 项楚《敦煌诗歌导论》，巴蜀书社 2001 年，第 201 页。

③ 同上书，第 202 页。

④ 同上书，第 203 页。

⑤ 同上书，第 208 页。

“可连（怜）学生郎，其（骑）马上天唐（堂）。谁家有好女，嫁以（与）学生郎。”①

当然，学郎们在乡学中苦读，主要是为了进学为官，以便将来报答父母的养育之恩。如“幸思比是老生儿，投师习业弃无知。父母偏怜昔（惜）爱子，日讽万幸（行）不滞迟”②，这种坦露孝亲心声的学郎诗，充分反映出地方乡里学校中更为普遍的求学心态。学郎们在抄写功课完毕后，经常会赋诗一首，表达自己的学习心得以及刻苦求学的决心。如敦煌文书 P.2746《孝经一卷》末尾便有这样一首学郎诗及题序：“岁至庚辰，月造秋季，日逮第三，写诗竟记，后有余纸，辄造五言拙诗一首。读诵须勤苦，成就如似虎。不词（辞）杖捶体，愿赐荣躯路。”③在敦煌文书中，类似这种以劝学为主题的诗歌不在少数。

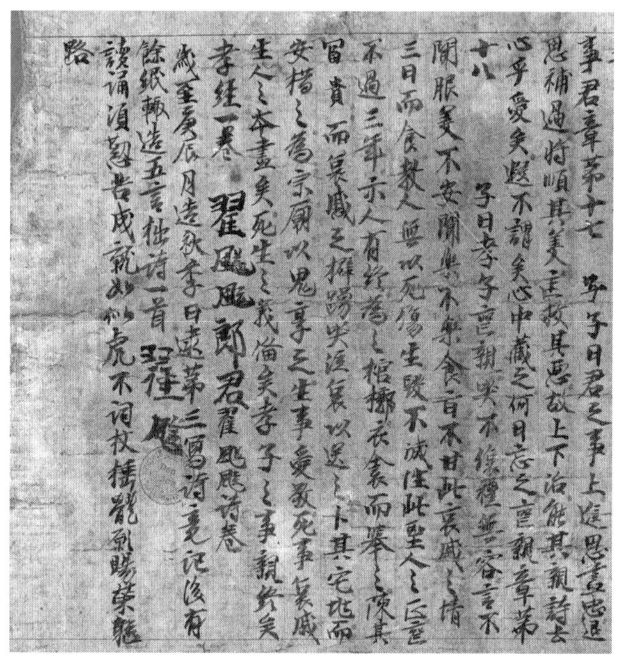

敦煌文书 P.2746《孝经一卷》卷末题记学郎诗

① 项楚《敦煌诗歌导论》，巴蜀书社 2001 年，第 208 页。
② 同上书，第 203 页。
③ 同上书，第 203–204 页。

唐代的历代皇帝皆以崇学为德政，因此当时地方官的主要职责之一，便是劝学弘教，选拔人才。即便在敦煌、西州这等偏远州郡，依然可以见到乡里学校的生徒们是如何表达喜怒哀乐的鲜活记录。在边缘州郡修筑学校，弘扬儒家教诲，乃是唐代良吏们的志向与抱负。显庆中，韦机主政檀州时即是如此。因檀州地处边境，本无学校，韦机便“敦劝生徒，创立孔子庙，图七十二子及自古贤达，皆为之赞述”①。其曾孙韦景骏也是一位兴学劝善的良吏，开元十七年（729），韦景骏迁房州刺史，“州带山谷，俗参蛮夷，好淫祀而不修学校。景骏始开贡举，悉除淫祀”②。其他诸如倪若水、李栖筠、常衮、郑余庆、韩愈、柳宗元等，皆有劝励生徒、立学讲经、修筑学舍、移风易俗的功绩。在这些有识之士的主持下，当地的各级官学往往能够获得快速发展。内地边疆，山区平原，在这些州、县学校中，生徒们的日常生活亦开始变得有迹可循了。

在相似墓志文辞的记叙下，他们的面目甚至也逐渐变得雷同起来。如邢弁，他是河间人，“秀才邢子才之后也”，“年廿，任州学生”，“禀性岳读，天然清操，动必由礼，容止可观”③。西州州学生张安吉，亦是“幼挺神童，早超令誉”④，但在学就读期间不幸去世，年仅二十一岁。陈则是相州州学的生徒，他的曾祖父陈达是北周朝散大夫，祖父陈隋终官虢州弘农县令，父亲陈静在隋代任洛州偃师县尉，唐代终官滑州白马功曹。他的家族本是关陇集团出身，隋末因官徙居相州。十八岁时，陈则进入相州州学，“绛帐离经，青衿敬业，既表邻几之目，还题通理之名。搴秋实于谈丛，摭春华于文苑”，三年后，“年廿一，州贡入京”。能从相州这样的大州中脱颖而出，获得宾贡资格，可以想见，陈则的日常学习必定是勤奋而刻苦的，甚至与中央官学里的生徒别无二致。只不过，作为外郡贡举的下层官僚子弟，他只能以流外官的身份留在中央机构：“爰屈廊庙之材，俯就舆台之列，蒙补中台司川令史。”⑤

① 《旧唐书》，第 4795 页。

② 同上书，第 4797–4798 页。

③ 《唐代墓志汇编》，第 34 页。

④ 《唐代墓志汇编续集》，第 176 页。

⑤ 同上书，第 226 页。

最终以“都台令史”的吏职谢世。

从唐代墓志的情况看，州县学生无法完成学业的原因主要有以下三种情况。第一，超过州县学的在学年限。地方学校应也遵循着学制九年的规定，若超过该时限，则将被退还本色。颍川人陈泰，“年甫弱冠，补州学生”，但最终并未能完成学业。其墓志题为“处士陈君”，很有可能是遭到了退学处理。他年仅二十九岁就离世，是否是因退还本色一事受打击，心情抑郁而亡，不得而知。第二，英年早逝。类似陈泰、张安吉这样英年早逝的州县学生还有不少，如河南县学学生成应，二十六岁便去世了；壶关县学生徒牛文欣、牛文宽兄弟，“并任县学生。锐性琴书，无诸不达。苗而有秀，咸逝弱冠”①。第三，因战乱或废学而导致无法完成学业。如秘丹，“年十六，任县学生。一览无遗，三冬足用。学遭格废，征任长司”②，他在求学期间不幸受到了隋文帝废学事件的影响，最终没能完成学业，改以地方亲民官出仕。

县、乡学校作为唐代官学教育的末端，其广泛存在促进了唐代人才的兴盛。许多的政治家、文学家都曾在乡里学校就读或执教，如本书开头所提到的陈子昂。中唐宰相权德舆幼年时也曾“从师于党塾”③。苗晋卿请归家乡后，“出俸钱三万为乡学本，以教授子弟”④。正是这些庞大而无名的乡里学校，默默地履行着普及知识的职责，这才有了开元天宝时期“五尺童子，耻不言文墨焉”的盛况。从这个意义上看，唐代乡里学校的生动图景才是唐代教育文化得以传承至今的关键所在。

---

① 赵力光《西安碑林博物馆新藏墓志汇编》，线装书局2007年，第072号。

② 墓志照片、录文见刘秀峰《隋〈秘丹墓志〉》，《书法》2023年第6期。

③ 蒋寅、唐元、张静《权德舆诗文集编年校注》，辽海出版社2013年，第331页。

④《旧唐书》，第3350页。

参考文献

一、经部

［1］阮元．十三经注疏（清嘉庆刊本）［M］．北京：中华书局，2009.

［2］孙希旦．礼记集解［M］．北京：中华书局，1989.

二、史部

［1］司马迁．史记［M］．北京：中华书局，1982.

［2］范晔．后汉书［M］．北京：中华书局，1965.

［3］陈寿．三国志［M］．北京：中华书局，1982.

［4］房玄龄等．晋书［M］．北京：中华书局，1974.

［5］沈约．宋书［M］．北京：中华书局，1974.

［6］萧子显．南齐书［M］．北京：中华书局，1972.

［7］魏收．魏书［M］．北京：中华书局，1974.

［8］令狐德棻等．周书［M］．北京：中华书局，1971.

［9］魏徵等．隋书［M］．北京：中华书局，1973.

［10］刘昫等．旧唐书［M］．北京：中华书局，1975.

［11］欧阳修，宋祁．新唐书［M］．北京：中华书局，1975.

［12］司马光等．资治通鉴［M］．北京：中华书局，1956.

［13］李林甫等．唐六典［M］．北京：中华书局，1992.

［14］杜佑．通典［M］．北京：中华书局，1988.

［15］王溥．唐会要［M］．北京：中华书局，1960.

［16］徐天麟 . 东汉会要［M］. 北京：中华书局，1955.

［17］杨晨 . 三国会要［M］. 北京：中华书局，1955.

［18］王若钦等编纂，周勋初等校订 . 册府元龟［M］. 南京：凤凰出版社，2006.

［19］马端临 . 文献通考［M］. 北京：中华书局，2011.

［20］宋敏求 . 唐大诏令集［M］. 北京：中华书局，2008.

［21］刘俊文 . 唐律疏议笺解［M］. 北京：中华书局，1996.

［22］［日］仁井田陞 . 唐令拾遗［M］. 长春：长春出版社，1989.

［23］天一阁博物馆，中国社会科学院历史研究所天圣令整理课题组校证 . 天一阁藏明钞本天圣令校证（附唐令复原研究）［M］. 北京：中华书局，2006.

［24］谢保成 . 贞观政要集校［M］. 北京：中华书局，2003.

［25］孟二冬 . 登科记考补正［M］. 北京：中华书局，2019.

［26］陶敏 . 元和姓纂新校证［M］. 沈阳：辽海出版社，2015.

［27］傅璇琮 . 唐才子传校笺［M］. 北京：中华书局，1987.

［28］吕华明，程安庸，刘金平 . 李太白年谱补正［M］. 北京：中华书局，2012.

三、子部

［1］王先谦 . 荀子集解［M］. 北京：中华书局，1988.

［2］赵贞信 . 封氏闻见录校注［M］. 北京：中华书局，2005.

［3］任半塘 . 教坊记笺订［M］. 北京：中华书局，2012.

［4］周勋初 . 唐语林校正［M］. 北京：中华书局，1987.

［5］姜汉椿 . 唐摭言校注［M］. 上海：上海社会科学院出版社，2003.

［6］道宣 . 续高僧传［M］. 北京：中华书局，2014.

［7］苏轼 . 东坡志林［M］. 北京：中华书局，1981.

四、集部

［1］彭庆生 . 陈子昂集校注［M］. 合肥：黄山书社，2015.

［2］熊飞 . 张说集校注［M］. 北京：中华书局，2013.

［3］陈铁民 . 王维集校注［M］. 北京：中华书局，1997.

［4］刘真伦，岳珍 . 韩愈文集汇校笺注［M］. 北京：中华书局，2010.

［5］尹占华，韩文奇 . 柳宗元集校注［M］. 北京：中华书局，2013.

［6］谢思炜 . 白居易文集校注［M］. 北京：中华书局，2011.

［7］陶敏，陶红雨 . 刘禹锡全集编年校注［M］. 北京：中华书局，2019.

［8］蒋寅，唐元，张静．权德舆诗文集编年校注［M］．沈阳：辽海出版社，2013.
［9］尹占华．王建诗集校注［M］．成都：巴蜀书社，2006.
［10］吴再庆．杜牧集系年校注［M］．北京：中华书局，2008.
［11］梅文鼎．绩学堂诗文钞［M］．合肥：黄山书社，1995.
［12］董诰等．全唐文［M］．北京：中华书局，1983.
［13］陈尚君．全唐文补编［M］．北京：中华书局，2005.
［14］吴钢．全唐文补遗（第一辑）［M］．西安：三秦出版社，1994.
［15］吴钢．全唐文补遗（第二辑）［M］．西安：三秦出版社，1995.
［16］吴钢．全唐文补遗（第三辑）［M］．西安：三秦出版社，1996.
［17］吴钢．全唐文补遗（第八辑）［M］．西安：三秦出版社，2005.
［18］吴钢．全唐文补遗（第九辑）［M］．西安：三秦出版社，2007.
［19］吴钢．全唐文补遗·千唐志斋新藏专辑［M］．西安：三秦出版社，2006.
［20］曾枣庄，刘琳主编．全宋文（第一百四十九册）［M］．上海：上海辞书出版社，2006.

五、出土文献及石刻碑志

［1］黄永武．敦煌宝藏（第十三册）［M］．台北：新文丰出版公司，1981.
［2］周绍良，赵超．唐代墓志汇编［M］．上海：上海古籍出版社，1992.
［3］周绍良，赵超．唐代墓志汇编续集［M］．上海：上海古籍出版社，2001.
［4］赵力光．西安碑林博物馆新藏墓志汇编［M］．北京：线装书局，2007.
［5］赵君平，赵文成．河洛墓刻拾零［M］．北京：北京图书馆出版社，2007.
［6］赵文成，赵君平．新出唐墓志百种［M］．杭州：西泠印社出版社，2010.
［7］赵君平，赵文成．秦晋豫新出墓志搜佚［M］．北京：国家图书馆出版社，2011.
［8］马金花编著．山西碑碣续编［M］．太原：三晋出版社，2011.
［9］齐运通．洛阳新获七朝墓志［M］．北京：中华书局，2012.
［10］赵栓庆．三晋石刻大全（长治市襄垣县卷）［M］．太原：三晋出版社，2015.
［11］陕西省考古研究所编．长安高阳原新出土隋唐墓志［M］．北京：文物出版社，2016.
［12］西安市文物稽查队．西安新获墓志集萃［M］．北京：文物出版社，2016.
［13］毛阳光，余扶危．洛阳流散唐代墓志汇编［M］．北京：国家图书馆出版社，2016.

［14］毛阳光．洛阳流散唐代墓志汇编续集［M］．北京：国家图书馆出版社，2018.

六、当代研究

［1］中国唐代学会编．唐代研究论集（第四辑）［M］．台北：新文丰出版公司，1978.

［2］高明士．日本古代学制与唐制的比较研究［M］．台北：学海出版社，1986.

［3］刘海峰．唐代教育与选举制度综论［M］．台北：文津出版社，1991.

［4］宋大川．唐代教育体制研究［M］．太原：山西教育出版社，1998.

［5］高明士．隋唐贡举制度［M］．台北：文津出版社，1999.

［6］宋大川等．中国教育制度通史［M］．济南：山东教育出版社，2000.

［7］王勋成．唐代铨选与文学［M］．北京：中华书局，2001.

［8］项楚．敦煌诗歌导论［M］．成都：巴蜀书社，2001.

［9］郑阿财，朱凤玉．敦煌蒙书研究［M］．兰州：甘肃教育出版社，2002.

［10］傅璇琮．唐代科举与文学［M］．西安：陕西人民出版社，2003.

［11］高明士．东亚教育圈形成史论［M］．上海：上海古籍出版社，2003.

［12］傅璇琮．唐宋文史论丛及其他［M］．郑州：大象出版社，2004.

［13］吴宗国．唐代科举制度研究［M］．北京：北京大学出版社，2010.

［14］金滢坤．唐五代科举的世界［M］．上海：复旦大学出版社，2014.